안중근의
동양평화살이

CATHOLIC
PEACE
02

안중근의
동양평화살이

| 황종열 지음 |

가톨릭동북아평화연구소

| 목차 |

1. 시작하면서　　　　　　　　　　　　　　　　007

2. 안중근의 하느님 집안 살이의 원동력　　　　　015

3. 안중근의 평화를 향한 투신　　　　　　　　　027

4. 안중근의 동양평화 비전　　　　　　　　　　051

　　4.1.「동양평화론」에 담긴 기본 구상과 내용　　056

　　4.2.「청취서」에 나타난 동양평화 대안　　　　069

　　4.3. 안중근의 묵필에 담긴 동양평화 비전　　　086

5. 맺으면서　　　　　　　　　　　　　　　　　119

부록　　　　　　　　　　　　　　　　　　　　130

1. 시작하면서

인간을 포함한 만물 가운데 하느님에게서 오지 않은 것은 없다. 하느님이 자연 만물을 창조하셨다는 것은 그것들이 하느님과 이어져 있음을 뜻한다. '하느님의 실재(the reality of God)'가 하느님이 창조하신 이 세계, 곧 자연적 실재, 자연 생태와 인간적 실재, 인간 생태와 사회적 실재, 사회 생태로 구성된 하나의 온 세계 실재(the realities of the universe)와 맞물려 있다. 그러므로 하느님에게서 생겨난 만물은 하느님 원 뿌리를 중심으로 하느님의 존재, 생명, 사랑, 살림, 평화에 참여한다. 이 신학적 진리는 하느님 뿌리를 매개로 우주의 온 실재가 창조자 하느님과는 물론 한 창조자를 자신들의 존재 기원으로 갖는 그 실재들은 프

란치스코 교황의 표현을 빌리자면 하나의 "보이지 않는 끈으로 이어져" 있게 한다.[1]

하느님께 제 종류대로 제 꼴로 창조된 모든 존재는 고유한 방식으로 하느님의 실재에 참여하면서 그분 존재의 흔적을 지녔다(창세 1,1-31 참조). 하느님에게서 창조되어 그분의 흔적을 지닌 존재 가운데 그 존재의 종과 꼴대로 그분을 알지 못하는 존재는 없다. 흔적을 갖고 있고 알고 있으면 그만큼 하느님의 계시를 왜곡할 수도 있고 가로막을 수도 있지만, 흔적을 갖고 있으면 흔적만큼 계시할 수 있고 알면 아는 만큼 계시할 수 있다는 것은 신학적 진리이다. 프란치스코 교황이 하느님이 창조한 자연 만물을 "하느님의 책"[2]이라 표현한 것은 창조물이 갖는 하느님 계시 차원과 역할을 증거한다.

자연을 이렇게 하느님의 책이라 할 때, 한 태양 아래 흙에서 와서 흙에서 난 것을 먹고 사는 인간은 어떤가? 하느님이 바람을 매개로 불어넣어주신 숨으로 살면서 자기에게 존재의 바닥이 되어준 자연 만물과 이 자연이 들어서 있는 시간의 화살, 우주의 역사를 성찰하고 이 모든 것의 역사를 주관하시는, 그리고 자기에게 숨을 불어넣어주시는 그분을 성찰할 인간 역시 그분

1 프란치스코 교황, 『찬미받으소서』(한국천주교중앙협의회, 2015), 89항.

2 『찬미받으소서』, 6, 12, 85, 239항.

순국 5분 전의 안의사 모습

의 빛 속에서 그분의 숨을 머금고 사는 그분의 책이다. 내 앞에 옆에 뒤에 구체적으로 존재하는 사람이 하느님에게서 와서 하느님을 한 존재의 뿌리로 갖는 주체로서 하느님을 계시하는 존재다. 이것이 한 빛 안에서 흙에서 와서 그분의 숨으로 그분의 물과 밥을 먹으며 '하느님을 닮은 존재(imago Dei)'로 사는 인간 존재의 역동성을 말해준다.

하지만 우리는 하느님을 닮았지 하느님은 아니다. 우리는 하느님을 닮은 역동성과 함께 하느님은 아닌 "모상의 이중성"을 안고 존재한다. 참으로 우리는 하느님의 뜻에 따라 그분의 빛 안에서 그분의 숨으로 사는 그분의 실재로서 그분과 하나로 이어져 있다. 하지만 그분을 알 수 있음에도 그분의 창조물과 그분의 모상, 그분의 숨들에게 하느님을 계시하지 못할 수 있다. 오히려 하느님의 실재와 계시를 가로막고, 그분의 계시를 파괴하며, 그분과 그분의 실재와 살림을 향해 폭력을 가하기도 한다. 아벨을 살해한 카인과 나자렛 예수를 십자가에 처형한 존재들에게서 볼 수 있는 것처럼, 바로 이것이 "하느님 모상의 이중성"의 실상이다. 이 이중성을 안고 사는 존재로서 하느님의 창조 질서 안에서 그분의 살림 안에서 어떻게 하느님의 실재와 그분의 살림을 증거 할 수 있을까?

하느님의 시간 안에서 대폭발이 있었고, 이때 이후 시간의 화살을 타고 우주가 진화해왔다고 말할 수 있다. 이것은 우주 만물이 하느님이 있게 하신 한 '양자 진공(quantum vacuum)'에서 비롯되었다는 것을 말한다. 이런 점에서 우주와 자연, 인간과 사회가 모두 하느님의 한 역사, 한 살림 안에서 한 가족, 한 형제, 한 이웃이다. 우리는 우주 만물과 온 존재의 다양성과 하나성, 이 사이에 존재한다. 자연, 인간, 사회 단위의 너를 너로 살게 하는 섬김을 통한 하나성의 실현, 이것이 아름다움[美]이고 평화라면, 너를 강제로 하나 되게 하는 것, 이것은 부끄러움이고 추문이고 침략이고 강압이고 폭력이며 지배다.[3] 하느님의 실재와 만물의 실재가 서로 이어져 있으므로 하느님의 실재가 육화된 형태인 자연물, 인격 주체, 사회에 대한 폭력은 하느님의 실재에 대한 폭력으로 귀결된다.

하나성과 다양성. 하느님과 이어져 있는 하나성은 섬김을 낳고, 하느님 이외의 존재가 요구하는 모든 하나성은 폭력을 낳는다. 하느님에 닿아 있지 않은 모든 하나 됨의 요구는 하느님과 이어져 있는 다양성과 풍요를 파괴한다. 하느님은 당신의 집(宇宙)에서 당신의 빛과 물 같은 당신의 것들로 너를 너로 살게 하시는데, 이것을 가로막는 모든 존재는 하느님을 거스르는 것이

---

[3] 황종열, 「평신도 희년에 안중근의 영성을 생각하다」, 《가톨릭평론》 14호(2018년 3-4월), 124쪽.

다. 하느님을 거스르는 존재가 사람을 거스르고 말 못 하는 그분의 창조물들을 거스르는 것은 일도 아니다.[4] 하느님 모상의 이중성을 인간 조건으로 갖고 살면서 하느님과 관계된 하나성, 하느님 집안의 공동성과 그분이 당신 시간의 화살 속에서 제 종류, 제 꼴, 제 존재대로 있게 하신 다양성 앞에서 우리가 어떻게 그분의 실재와 집안과 살림에 참여할 것인가? 그리하여 어떻게 자연, 인간, 사회 같은 세계 실재를 하느님의 실재와 복음적으로 통합해 육화할 것인가? 이 물음에 기초해 안중근 토마스의 "동양평화" 살이를 살펴보고자 한다.

---

4 위의 글, 129쪽.

2. 안중근의 하느님 집안 살이의 원동력

안중근은 1879년 "대한국 황해도 해주부 수양산 아래서"[5] 안태훈과 조마리아의 맏아들로 태어났다. 수양산 자락에서 유년기를 지내고 6,7세 무렵 안태훈이 신천군 청계로 이주하여 그곳에서 자라는 가운데 1894년 16세 때 김아려와 혼인하여 딸 현생과 두 아들 분도와 준생을 낳았다.[6] 그는 1896년 가을에 청계에서 부친 안태훈 베드로의 매개로 가톨릭 신앙을 만나 다음해

---

5 「안응칠역사(安應七歷史)」 첫머리에서 인용. 한문으로 쓰인 이 자료는 이은상이 번역해 안중근의사숭모회가 1990년에 펴낸 『안중근 의사 자서전』에 실려 있다. 「안응칠역사」를 인용할 때 이 번역본을 사용하고자 한다.

6 「안응칠역사」, 3~6쪽.

안중근 의사와 어머니 조마리아 사진

1월 토마스라는 세례명을 택하여 입교하였다.[7] 그는 1906년에 삼흥학교와 돈의학교를 운영하면서 교육 사업에 투신하다가[8] 1907년에 북간도와 연해주로 이주하여 의병대 일원으로 독립운동에 헌신하다 1909년 10월 26일 이토 히로부미를 저격하였다. 이 사건으로 체포된 그는 1910년 3월 26일 일본 정부에 의해 죽임을 당하였다.[9]

 그는 해주에서 태어난 이래 수양산 한 마을, 해주, 황해도, 대한국, 동아시아, 아시아, 세계, 지구, 우주에 닿은 한 생명으로 존재하기 시작하였다. 그는 1897년 가톨릭교회에 입문한 이후 황해도 청계인으로서 자기의 존재 실재를 가능하게 하는 모든 존재의 원 존재이신 하느님께 닿은 존재라는 자기 신원 인식을 죽기까지 지켜간다. 이것은 그가 자기의 존재와 사회의 규모, 곧 자기 집의 규모를 하느님의 한집안 안에 자리 잡게 하여 가장 기초적인 사회 생태 단위인 가정에서 마을과 국가, 대륙, 세계, 지구, 우주를 이어 살면서, 이 단위들이 서로 분리할 수 없는 형태로 교직되게 만들어가며 살았다는 것을 뜻한다.

---

7 「안응칠역사」, 12~3쪽과 15쪽. 『황해도천주교회사』(한국교회사연구소편, 1984), 191쪽 이하도 참조.

8 「안응칠역사」, 58쪽.

9 안중근의 생애에 관한 나의 연구로는 황종열, 『안중근 토마스』(대구가톨릭대학교출판부, 2013), 42~144쪽 참조.

모든 존재는 의식하든 의식하지 않든 존재하는 그 자체로 이미 가정, 마을(고장인), 국가(대한인), 대륙(동아인), 세계(세계인), 지구, 우주(자연 생태인)에 닿은 존재로 살다 죽음을 맞는다. 그런데 안중근과 당대의 일반 사람이나 오늘의 우리와 차이가 있다면, 그는 하느님의 실재와 그 실재와 자신, 그리고 그 실재와 만물의 관계에 대한 깨달음(천주인)에 근거해 이 이어짐의 규모를 더욱 명시적으로 식별해 그 결과를 자기 삶과 존재에 통합했다는 데 있다.[10]

그가 쓴 『안응칠 역사』에 나타나는 것처럼, 안중근의 삶을 구체적으로 보면 그는 투철한 가톨릭 신앙인으로 20대 때 이미 선구적인 거리 선포자였다. 전쟁 중에도 동료에게 신앙을 전했고, 감옥에서도 일본인 미즈노 변호사에게 신앙을 권유한[11] 신앙의 증거자였다. 또한 나라의 발전과 자주독립을 위하여 헌신했던 민중 운동가요, 개방적인 민족 교육가이자 의병 투쟁가였다. 그는 민족의식과 신앙, 신앙과 민족의식을 구체적으로 통합하고자 했으며, 1909년 10월 26일 이토 히로부미를 저격하고, 곧바로 체포되어 감옥에 갇혔다. 그는 1910년 2월 7일 재판을 시작

---

10 나는 이것을 인간 존재의 여섯 존재태로 명명하고 이것을 안중근 연구에 적용하였는데, 이에 관한 자세한 진술은 황종열, 『안중근 토마스』, 42쪽 참조.

11 한국국사편찬위원회 편, 『한국독립운동사 자료』 7, 542~543쪽.

한 지 불과 나흘 만에 미조부치 타카오 검찰관에게 사형을 구형받았다. 1910년 2월 7일부터 9일까지 연속으로 3차 공판을 열고, 10일 4차 공판 때 미조부치 검찰관이 사형을 구형한 것이다. 이어 2월 12일에 최후진술을 듣고 이틀 뒤인 14일에 마나베 재판장이 안중근에게 사형을 선고한다. 그리고는 3월 26일, 일본 제국주의 세력에 의해 교수형을 당했다.[12]

안중근은 한국 가톨릭교회의 한 평신도 신앙인으로서 서학서와 교리서들을 통해 무엇보다도 하느님과 인간의 관계에 눈뜨고, 인간 영혼과 하느님의 근본 관계를 체화했다. 단적으로 인간을 천주의 모상으로 보는 가톨릭 신앙의 전통 안에서 영혼은 그 모상의 실체로 인식되었다. 이런 인간 영혼관에 근거한 인간의 존엄에 대한 자각이야말로 안중근의 '민권' 사상의 근원적 토대를 이루었다. 그는 인간의 자기 존엄, 민권, 자유가 인간의 능력이 아니라 하느님과 이어져 있음에서 오는 것으로 하느님에게서 부여받았다는 점을 자각하였다.[13]

실제로 안중근 자신이 인간은 하느님께 '천명의 성(天命之性)'으로 인식되는 영혼을 부여받아 '혼이 영(魂之靈)'하기 때문에 존

---

12 안중근의 생애에 관해서는 황종열, 『안중근 토마스』(대구가톨릭대학교출판부, 2013) 참조.

13 황종열, 「평신도 희년에 안중근의 영성을 생각하다」, 124~125쪽.

엄한 존재라 진술한다.[14] 이것은 인간이 그의 표현으로 "천주"에게서 존재를 받아서 하느님의 영원과 시간, 하느님의 숨과 쉼, 하느님의 노동과 열정에 참여하는 존재라는 뜻이다. 그가 "敬天(경천)"을 이야기하면서, '하느님이 이루시는 일에 대한 순명(謀事在人成事在天; 天與不受反受其殃耳)'과 '그분의 존재 앞에서 충실(戒愼乎其所不睹)'을 생의 마지막 시기에 글로 남길 수 있었던 것은 바로 이런 하느님-인간 이해를 갖고 살았기 때문이라 본다. 이럴 때 그 주체는, 그의 묵필을 빌려 말하자면, "言忠信行篤敬蠻邦可行(언충신행독경만방가행)", 즉 말이 충실하고 행동이 믿을 수 있고 깊게 공경하는 태도를 간직하면 야만의 땅에서도 통하는 삶을 살 것이다.

그는 가톨릭 신앙을 통해 새롭게 도달한, 하느님에게서 창조되어 그분의 실재에 참여하는 존엄한 존재로 보는 인간 이해를 모든 사람과의 관계 속에 육화시킨다. 이 존엄을 사는가 살지 못하는가는 인간 인격 주체의 상황과 선택과 결단과 관련되어 있다. 이것은 언제나 하느님과 닿은 존재 차원, 인간의 근원적 존

---

14 "대개 천지간 만물 가운데서 오직 사람이 가장 귀하다고 하는 것은 혼이 신령하기 때문이오. …… 영혼의 귀중함은 이것을 미루어서도 알 수 있는 일인데, 이른바 천명의 본성(원문: 天命之性)이란 것은 그것이 바로 지극히 높으신 천주께서 사람의 태중에서부터 부어넣어 주는 것으로서, 영원무궁하고 죽지도 멸하지도 않는 것이오."「안응칠역사」, 16~17쪽;『성교요리』(한국교회사연구자료 제15집 제2권)(1985), 547쪽 참조.

엄 차원 뒤에 온다. 안중근은 마지막 죽는 순간까지도 이 존재 차원을 조국을 침략하고 동아시아와 세계의 평화를 파괴하는 일본국의 모든 시민에게도, 자신에게 사형을 구형하고 선고한 검찰관 미조부치와 재판장 마나베와 관동도독부 고등법원장 히라이시에게도 그대로 적용했다.[15] 자신이 저격한 이토 히로부미에 대해서도 마찬가지다.[16] 이것은 그가 하느님이 인간을 창조하셨다는 것과 예수님이 가르쳐주신 주님의 기도에서 "하늘에 계신 우리 아버지"를 말하는 것이 단순한 말이나 그냥 쓰인 글자로 보면서 입으로 습관적으로 외운 것이 아니라 실제로 자기 삶에 육화시켰다는 뜻이다. 또한 그에게서는 하느님과 이어져 있음에서 누구도 배제되지 않음을 증거한다.[17]

안중근은 이 진리가 자기의 온 존재를 빛의 속도로 휘감게 해 하느님에게서 온 존재로서 하느님과 자신의 하나성과 이어져 있음을 증거했다. 그는 1908년 일본군과 벌인 전투에서 크게 패한 후 자기와 함께 피해 다니던 부하 동료들에게 가톨릭 신앙의

---

15 『안중근 토마스』, 131쪽; 윤병석 편역, 「청취서」, 『안중근문집』(독립기념관 한국독립운동사연구소, 2011), 560쪽; 「안이 본 관인」, 《만주일일신문》 1910년 3월 21일자 등 참조.

16 신운용 편역, 안중근의사기념사업회, 『안중근·우덕순·조도선·유동하 공판기록-공판시말서』(안중근 자료집 9)(채륜, 2010), 98쪽 참조.

17 황종열, 「평신도 희년에 안중근의 영성을 생각하다」, 130~131쪽 참조.

도리를 전하면서 이렇게 말한다. "세상 사람들이 천지간의 큰 임금이요, 큰 아버지이신 천주를 섬기고 모시지 않는다면, 짐승과 다를 것이 없을 것이오(世人若不奉事天地大君大父天主則不如禽獸矣)." 이것은 그가 천주와 하나로 이어져 있다는 것을 알아보고 그분의 뜻을 실천해 그분의 살림에 참여하는 데서 인간의 인간됨을 인식했다는 점을 말한다. 그는 『천주실의』, 『칠극』, 『영언려작』 같은 조선 후기에 차이나에서 유입된 서학서의 가장 근본적인 교리 내용을 체화한 후 세계 만민을 한 아버지의 형제자매로서 평화로운 삶을 향유할 '민권'과 '자유'의 주체로 볼 기본적인 종교-사회의식을 형성하고 증거하였다.[18]

이 하나성, 곧 하느님 가족 관계를 사는 형태는, 단순하게 표현해 섬김과 지배로 나타난다. 안중근은 하느님과 하나로 이어져 있음에서 비롯되는 인간 존엄에 부합한 '함께 있음'의 존재 방식을 '도덕 시대'와 '영복'의 추구로 집약한다. 그는 "우리 대한의 모든 동포 형제자매들"이 "천주의 의자(義子)"로서, 현세를 도덕 시대로 만들어 다 같이 태평을 누리다가[19] 죽은 뒤에 천당

---

18 황종열, 「평신도 희년에 안중근의 영성을 생각하다」, 125쪽.
19 『상재상서』의 결론부에서 요청되는 평화 세상과 상통한다. "성교회의 도리가 참된 것인지 그릇된 것인지 올바른 것인지 자세히 판단하신 다음, 위로는 조정으로부터 아래로는 일반 서민들에 이르기까지 새롭게 변화되어 성교회로 돌아와서, 금령을

에 올라가 상을 받아 영복을 함께 누리기를 천만번 엎드려 바란다고 말한다.[20] 당대 가톨릭 신앙인의 언어로 "하느님의 의자"가 된다는 것은 세례를 받아 신자가 된다는 것을 의미하였다.[21] 그런데 신앙을 하느님의 실재와 세계의 실재를 매개하는 것으로 보는 안중근에게 "천주의 의자"가 된다는 것은 이 세계의 실재에 더 열려, '현세에서는 도덕시대를 펼쳐가고 평화를 함께 누리며 사후에 하늘에 올라 상급을 받을 준비를 한다는 뜻이다(現世以作道德時代, 公享太平, 死後昇天以受賞).'[22] 우리는 여기서 안중근이 그리스도교의 가르침을 사회적 의리(義理)와 연결 짓는 것을 볼 수 있다.

한 걸음 더 나아가 그는 더욱 철저하게 예수의 원수 사랑까지

> 늦추고 체포하는 법을 철회하고 옥에 갇힌 사람들을 석방하여, 모든 백성이 고향에 정착하여 생업을 즐기면서 다 같이 평화를 누리며 살 수 있도록 해주시기를 이렇게 엎드려 간절히 바라고 또 바라옵나이다", 『상재상서』 37쪽; 황종열, 『안중근 토마스의 하느님-세계-인간 이해』(두물머리미디어, 2010), 96쪽 주49.

20 "원컨대 우리 대한의 모든 동포 형제 · 자매들은 크게 깨닫고 용기를 내어 지난날의 허물을 깊이 참회함으로써 천주님의 의자(義子)가 되어, 현세를 도덕시대로 만들어 다 같이 태평을 누리다가, 죽은 뒤에 천당에 올라가 상을 받아 무궁한 영복(永福)을 함께 누리기를 천만번 바라오."「안응칠역사」24~25쪽.

21 『성교요리문답』은 세례의 효과를 "천주와 성교회의 의자가 되게 함"으로 설명한다. 『성교요리문답』, 22쪽; 『안중근 토마스의 하느님-세계-인간 이해』, 96쪽 주48.

22 황종열, 『한국가톨릭교회의 하느님의 집안살이』(대구가톨릭대학교출판부, 2015), 130쪽; 황종열, 「평신도 희년에 안중근의 영성을 생각하다」, 125~126쪽.

포용하는 사회 생태적 평화 비전, 그의 언어로는 "태평" 비전에 일본인까지 포용한다. 그는 일본 지배 세력이 한국의 존재 다양성을 가로막고 자신들에게 종속시키려고 정치적, 사회적, 문화적, 군사적 정책들을 관철하는 것을 직접 체험하면서 여기에 항거하였다. 이런 맥락에서 그는 한편으로는 이들의 행동이 인도와 천도를 거스르는 죄임을 선언하면서도, 다른 한편으로는 자신의 존재를 걸고 하느님의 하나성과 다양성에 근거해 한국, 차이나, 일본의 독립과 형제적 평화를 설득했다. 그의 「동양평화관」을 통해 이러한 사실을 명시적으로 확인할 수 있다. 그에게서 평화나 "태평"은 단순히 갈등이나 전쟁 없는 상태를 가리키지 않고, 하느님에게서 온 모든 존재와 더불어 그분과 하나로 이어져 함께 사는 것을 뜻한다.

이것은 그가 가톨릭 신앙을 인간 개인 차원의 구원에 가두지 않고 사회 생태와 통합해, 프란치스코 교황이 사용한 '사회적 사랑, 정치적 사랑, 시민적 사랑'[23]을 자기 삶의 여정에 육화시켰다는 뜻이다. 이것을 가로막는 세력은 곳곳에 있었다. 한국의 관료들, 한국의 탐욕자들, 일본의 지배 세력은 물론, 당대 한국의 교회 지도자들 가운데 친일을 수행한 성직자들, 뮈텔 주교와 빌렘

---

23 프란치스코 교황, 『찬미받으소서』, 6장 5절: "시민적 사랑과 정치적 사랑"과 231항 참조.

신부 역시 안중근의 '하나로 이어져 있음' 살이를 신앙의 길에 어긋나는 것으로 말하며 비판했다는 사실을 우리는 잘 안다.[24]

그는 교회 지도자들과의 관계에서 평신도로서 끝까지 순명을 지켰지만, 성직자들에게 가로막혀 하느님과 이어져 함께 사는 것을 포기하진 않았다. 이런 관점에서 안중근의 신앙 실천은 이미 20세기 초엽에 1965년에 끝난 제2차 바티칸 공의회의 세계에 열린 신앙 실천 비전을, 그리고 프란치스코 교황의 변두리로 나아가 흙먼지를 밟으며 양들과 함께하는 사목일꾼 영성을 선구적으로 살았다고 말할 수 있다. 또한 안중근은 현세에 갇히지 않고, 현세와 내세를 하나로 회통시켰다. 이를 통해서 단순한 내세 사상과는 다른 차원의 반성적 내세론을 보여주면서, 인간 역사와 하느님의 역사를 하나로 이어놓고, 나아가 하느님 가족의 자녀 살이를 미래로 열어 놓는다.[25]

---

24 『안중근 토마스의 하느님-세계-인간 이해』, 38~40쪽과 48 참조.
25 황종열, 「평신도 희년에 안중근의 영성을 생각하다」, 126쪽.

3. 안중근의 평화를 향한 투신

"하느님의 폭력"이라는 말이 있다.[26] 이것은 시간의 화살 속에서 형성된 다양성을 파괴하고 강제로 하나가 되게 하는 모든 존재와 세력에 대한 하느님의 사랑과 정의의 응답이다. 우리 역사에서 그 폭력을 가장 갈망한 인물 가운데 한 사람이 다산 정약용이다. 정약용은 탐관오리들과 극소수의 벌열 가문 고관들, 왕실 인척들의 지배에 신음하는 민중의 참상 앞에서 "하느님의 눈"을, 신음하는 민중은 돌보고 불의 세력은 감시할 눈을, 그리하여 그 불의한 세력에 "진노"를 쏟아부을 하느님의 끓어오르는 가슴

---

26   이 대목의 도입부는 황종열, 「평신도 희년에 안중근의 영성을 생각하다」, 126~129쪽 참조.

을, 억센 팔을 간절히 기도했다.

그 대가로 그는 18년 유배로 상징되는 십자가의 길을 걸어야 했다. 정약용은 고난 속에서 천총(天之寵)을, 하늘의 은총을 노래할 줄 알았던 인물이었다.[27] 유배지에서 산 18년을 하늘의 도우심으로 받아 안을 영성의 깊이로 후대에 하느님의 한 집안으로서 이루어갈 생명의 길, 목민관의 길, 민권 자유를 살아갈 민중의 길, 문화와 정치의 혁명을 완성할 정의의 길을 열어준 인물이다.

우리 역사에서 이 하느님의 억센 팔, "하느님의 폭력"의 일부를 살았던 한 대표적 인물이 안중근이다. 안중근은 하느님의 자녀로서 다산이 갈망했던 민중 생명의 길을 따라 자기의 온몸과 온 존재로 이것을 민족과 동아시아와 세계 역사의 맥락에서 증거했다. 이 증거 행위가 궁극적으로 드러난 것이 바로 하느님의 폭력이다. 의로운 이들과 불의에 신음하는 이들에게는 위로요 희망이나, 불의한 자들에게는 영원한 폭력, 이것이 하느님 폭력의 본질이다. 이를테면 그분의 폭력은 그분이 신음하는 이들과 함께 아파하는 마음, 저 자비심(compassionate Heart), 그분의 "하나로-이어져-있음"에서 비롯된다.

---

27   정약용, 정태현 외 공역, 「자찬묘지명(광중본)」, 『다산시문집』 7(솔출판사, 1996)(중판), 100쪽.

호송 직전의 안중근 의사와 수감생활을 한 뤼순 감옥

이런 자비-폭력의 한 구체적 실현태가 안중근이 1909년 10월 26일 10시경 하얼빈역에서 이토 히로부미를 저격한 사건이다. 일본 지배 세력은 하느님이 세워주신 다양성을 파괴하며 한국을 속국으로 만들려 했다. 이에 안중근은 하느님과 이어져 있음에 근거해 "하느님의 억센 손"으로 떨쳐 일어나 하느님의 다양성을, 구체적으로 한국, 차이나, 일본의 독립과 평화를 지키기 위해 십자가를 졌다. 그는 일본을 포함한 아시아를, 세계를, 그리고 직접적으로는 그의 조국 대한민국을 돌보기를 원하시는 하느님의 뜻으로 자신의 의거를 수락하였다. 저격 후 체포되어 신문을 받을 때나 재판 과정에서나 그는 이토 저격을 불의한 폭력에 맞선 하느님의 정의, 하느님의 폭력의 마름으로서 수행한 하느님의 뜻의 실천으로 증언하였다.

　실제로 그는 "천명(天命)" 인식에 근거해 "하늘이 주는 것을 받지 않으면 도리어 그 벌을 받게 되는 것"(天與不受反受其殃耳)이라는 묵필을 남겼다. 이것은 그가 이범윤을 만나 일본군에 맞서 싸울 것을 설득하면서 "하늘이 주는 것을 받지 않으면 도리어 그 벌을 받게 되는 것"[28]이라 한 말을 한문으로 그대로 표현한 것이다. 그는 하늘의 뜻을 자기가 이끄는 부대의 전쟁 행위에도 적용

28　「안응칠역사」, 63쪽.

해 이를 근거로 포로를 석방하기도 하였고,[29] 일본이 러시아에 맞서 거둔 승리를 "하늘에 순하고 땅의 배려를 얻은 것이며 사람의 정에 응하는 이치"에 부합한 것으로 보기도 한다.

이범윤이 "일로전쟁 때, 러시아를 도와 일본을 쳤으니, 그것은 하늘의 뜻을 어긴 것이라 할 것"이라면서 이렇게 진술한다. "왜 그런고 하니 이때 일본이 동양의 대의(大義)를 들어 동양평화와 대한의 독립을 굳건히 할 뜻을 가지고, 세계에 선언한 뒤에 러시아를 친 것이라 그것은 하늘의 뜻에 순응한 것이므로 다행히 크게 승첩한 것입니다."[30]

안중근은 이범윤을 설득하는 과정에서 이토 히로부미를 정점으로 일본이 택한 침략 정책을 하늘의 뜻에 대조하여 이렇게 진술한다. "현재 이등박문이 그 공을 믿고 …… 위로 임금을 속이고 백성들을 함부로 죽이며, 이웃 나라의 의(誼)를 끊고, 세계의 신의를 저버리니, 그야말로 하늘을 반역하는 것이라, 어찌 오래 갈 리가 있겠습니까."[31]

이것은 그가 하느님의 분노의 팔로써 이토를 저격한 이유를 이미 1908년부터 명확하게 자각했다는 점을 보여준다. 그는 이

---

29   「안응칠역사」, 74~76쪽.

30   「안응칠역사」, 62쪽.

31   「안응칠역사」, 64쪽.

러한 시각을 마지막까지 지켜 갔다. 안중근이 사형 선고를 받고 나서 2월 17일 히라이시와 면담하면서 남긴 「청취서」에 의하면, 그는 "하늘의 뜻을 따르는 자는 일어나고 거스르는 자는 망한다"는 전제하에 일본이 마음을 바로잡아 지배 침략 정책을 고칠 것을 요청하였다.[32]

그가 이토 히로부미를 저격하고 남긴 마지막 말은 "코레아 후라, 대한민국 만세"였다. "하느님 감사합니다"였다. "동양평화 만세"였다. 이 말이 저주로 들리는 이들이 있었다. 바로 일본 지배 세력이다. 지금도 아시아를 재침략할 기회를 노리는 일본인들에게 이 말은 하느님에 대한 모독이자, 그들의 표현으로 보면 한 "악한"의 살인을 확인해주는 저주받을 독설일 따름이다.

안중근이 이렇게 할 수 있는 원천은 그가 하느님을 아버지로 부르는 하느님의 가족, 하느님의 집안에 속해 있다는, 곧 하느님과 하나로 이어져 있는 존재, 하느님의 자녀라는 분명한 자각과 이들과 함께하는 연대 의식이다. 또한 이런 자각과 연대 의식을 시간의 화살 속에서 자기가 만나는 다양한 관계에서 천명에 근거하여 스승 예수를 닮아 목숨을 다해 육화시키는 투신이다. 이렇게 신앙 진리를 다양한 세계에 열린 형태로 살아간 데에서 그

---

32 「청취서」, 53쪽. 같은 글, 57쪽도 참조.

의 신앙살이의 선구성을 볼 수 있다.

그는 하느님과 이어져 있는 존재라는 자각을 개인화하지 않고, 세계 내 관계에서 사회 생태 차원에 부합한 형태로 살아가서 국가 질서와 국가와 국가 사이의 질서를 질문하고 자기가 질문한 것을 자기의 존재를 걸고 실천해갔다. 그가 사카이 경시의 심문 때 사용한 "송곳" 이미지를 빌려 표현하자면,[33] 송곳은 태산에 묻히지만, "송곳들의 연대"는 태산을 무너뜨릴 수 있다. 이런 연대 의식 속에서 하느님의 집안 살림과 평화를 위한 투신 과정이 그의 생에서 볼 수 있는 그의 민권 지킴이 활동, 교육 사업, 조국의 독립을 위한 무장 투쟁, 동아시아 평화를 위한 이토 히로부미 저격과 법정 투쟁으로 나타났다. 이것은 오늘 우리에게 우리의 가톨릭 신앙을 구체적으로 사회 실상, 국가 실상, 동아시아 실상, 지구 단위의 국제 관계의 실상에 직면해 어떻게 육화시킬 것인가 하는 물음에 대한 통합적인 실천 방향을 제시해준다.

안중근이 사형 판결을 받고 뤼순 감옥에 갇혀 있을 때, 한번은 크게 울부짖었다고 했다. "일본 당국자가 조금이라도 지식이 있다면 …… 만일 염치와 공정한 마음이 있었던들 어찌 능히 이 같

---

33 안중근의사기념사업회(편), 『안중근·우덕순·조도선·유동하 등 공술기록』, 신운용 역(채륜, 2014), 53.

은 행동을 할 수 있을 것인가. …… 그야말로 머리가 깨어지고 쓸개가 찢어질 일이 아니냐. 내게 무슨 죄가 있느냐, 내가 무슨 죄를 범했느냐." 그러다 갑자기 자기의 죄를 깨닫고는 "손뼉을 치며 크게 웃고 말하"였다고 했다. "나는 과연 큰 죄인이다. 다른 죄가 아니라, 내가 어질고 약한 한국 인민 된 죄로다." 그리고는 "마침내 의심이 풀려 안심이 되었다"고 했다.[34]

안중근이 1909년 10월 30일 오전에 미조부치 검찰관에게 첫 심문을 받으면서, 자기가 이토 히로부미를 저격한 이유를 구체적으로 제시하였다.

> 첫째, 지금으로부터 10여 년 전 이토의 지휘로 한국 왕비를 살해하였다.
> 둘째, 지금으로부터 5년 전 이토는 병력으로써 5개 조의 조약을 체결했는데, 그것은 모두 한국에 매우 불리한 조항이다.
> 셋째, 지금으로부터 3년 전 이토가 체결한 12개 조의 조약은 한국에 군사상 대단히 불리한 사건이다.
> 넷째, 이토는 기어이 한국 황제의 폐위를 도모하였다.
> 다섯째, 이토는 한국 군대를 해산하였다.

---

34 「안응칠역사」, 113~114쪽.

여섯째, 조약 체결을 한국민이 분노하여 의병이 일어났는데, 이 때문에 이토는 한국의 양민을 다수 살해하였다.

일곱째, 한국의 정치 기타의 권리를 약탈하였다.

여덟째, 한국의 학교에서 사용한 좋은 교과서를 이토의 지휘 아래 소각하였다.

아홉째, 한국 인민의 신문 구독을 금지하였다.

열째, 전혀 충당할 만한 돈이 없는데도 불구하고 성질이 좋지 못한 한국 관리에게 돈을 주어 한국민에게 알리지 않고 드디어 제일은행권(第一銀行券)을 발행하였다.

열한째, 한국민의 부담으로 돌아갈 국채 2,300만 원을 모집해 이를 한국민에게 알리지 않고 그 돈을 관리들 사이에서 마음대로 분배했다고도 하고 또는 토지를 약탈하기 위해 사용했다고도 하는데, 이것은 한국에 대단히 불리한 사건이다.

열두째, 이토는 동양의 평화를 교란하였다. 그 까닭을 말하면 즉 러일전쟁 당시부터 동양평화 유지라고 하면서 한국 황제를 폐위하고 당초의 선언과는 모조리 반대의 결과를 낳기에 한국민 2,000만은 다 분개하고 있다.

열셋째, 한국이 원하지 않음에도 불구하고 이토는 한국보호라는 명분으로 한국 정부의 일부 인사와 의사를 통하여 한국에 불리한 시정을 펴고 있다.

열넷째, 지금으로부터 42년 전 현 일본 황제의 부친을 이토가 없앤 사실은 한국민이 다 알고 있다.

열다섯째, 이토는 한국민이 분개하고 있음에도 불구하고 일본 황제나 기타 세계 각국에 한국은 무사하다고 속이고 있다.[35]

안중근은 11월 6일 위의 첫 신문 과정에서 제시한 이토 죄악 15개 조항을 정리해 서면으로 제출하면서[36] 자신이 이토를 저격

---

35 신운용 편역, 안중근의사기념사업회, 「안중근 제1회 신문조서」, 『안중근 신문기록』(안중근 자료집 3)(채륜, 2010), 4~6쪽.

36 1차 신문 때 밝힌 내용과 1909년 11월 6일에 제시한 것 외에 1909년 12월 13일부터 쓰기 시작한 「안응칠역사」에 실린 것이 있다. 이 자료들을 비교하면 그 내용과 순서 면에서 차이가 나는 것을 볼 수 있다. 11월 6일에 제출(明治四十二年十一月六日 午後二時三〇分 提出)한 것을 일본 관리들이 「伊藤博文 罪惡」이라는 제목 아래 필사해서 남긴 본문은 다음과 같다. 一. 一千八百六十七年大日本明治天皇陛下父親太皇帝陛下弑殺大逆不道事 二. 一千八百九十四年使人於韓國驅兵突入于皇宮大韓皇后陛下弑殺事 三. 一千九百〇五年以兵力突入于大韓皇室威脅皇帝陛下勒定五條約事 四. 一千九百〇七年更加兵力突入于韓國皇室拔劍威脅勒定七條約後大皇帝陛下廢位事 五. 韓國內山林川澤礦山鐵道漁業農商工等業一々勒奪事 六. 所謂第一銀行券勒用但換行于韓國內地沽渴全國財政事 七. 國債一千三百萬元勒負于한국事 八. 韓國內地學校書冊壓收燒火內外國新聞不傳于民人等事 九. 韓國內地許多義士蜂起欲復國權者稱以暴徒或砲或絞殺毀不絶甚至於義士家眷全當奢毀者十餘萬人事 十. 韓國靑年外國遊學禁止事 十一. 所謂韓國政府大官五賊七賊等與一進會輩締結韓人欲受日本保護云々事 十二. 一千九百〇九年更爲勒定五條約事 十三. 韓國三千里疆土欲爲屬邦於日本之樣宣言事 十四. 韓國自一千九百〇五年都無安日二千萬生靈哭聲振天殺毀不絶砲聲彈雨至今不息然獨伊藤韓國以太平無事之樣上顯明治天皇事 十五. 自此東洋平和永爲破傷幾萬々人種將未免滅亡事 許多罪狀不可枚擧而前後所行如是奸猾外失信義於列强內絶交誼於鄰國欲爲先亡日本後滅東洋全幅豈不痛嘆哉東洋有志靑年諸公深察之哉(http://db.history.go.kr/id/jh_097r_0010_1440)(국사편찬위원회 한국사데이터베이스 자료 검색 최종 검색일: 2018년 1월 5일).

한 이유를 문명 식별과 연결해 진술한 내용도 함께 제시했다. 그 내용은 다음과 같다.

하늘이 사람을 내어 세상이 모두 형제가 되었다. 각각 자유를 지켜 삶을 좋아하고 죽음을 싫어하는 것은 누구나 가진 떳떳한 정이다. 오늘날 세상 사람들은 으례히 문명한 세대라 일컫지마는, 나는 홀로 그렇지 않는 것을 탄식한다. 무릇 문명이란 것은 동서양 잘난이 못난이 남녀노소를 물을 것 없이, 각각 천부의 성품을 지키고 도덕을 숭상하며 서로 다투는 마음이 없이 제 땅에서 편안히 생업을 즐기면서, 같이 태평을 누리는 그것이다. 그런데 오늘의 시대는 그렇지 못하여, 이른바 상등사회의 고등인물들은 의논한다는 것이 경쟁하는 것이요, 연구한다는 것이 사람 죽이는 기계다. 그래서 동서양 육대주에 대포 연기와 탄환 빗발이 끊일 날이 없으니, 어찌 개탄할 일이 아닐 것이냐.

이제 동양 대세를 말하면 비참한 현상이 더욱 심하여 참으로 기록하기 어렵다. 이른바 이등박문은 천하대세를 깊이 헤아려 알지 못하고, 함부로 잔혹한 정책을 써서 동양 전체가 장차 멸망을 면하지 못하게 되었다.

슬프다! 천하대세를 멀리 걱정하는 청년들이 어찌 팔짱만 끼고 아무런 방책도 없이, 앉아서 죽기를 기다리는 것이 옳을까 보냐. 그러므로 나는 생각다 못하여, 하르빈에서 총 한 방으로 만인이 보는 눈앞에서

늙은 도적 이등의 죄악을 성토하여, 뜻있는 동양 청년들의 정신을 일깨우는 것이다.[37]

안중근은 1910년 2월 9일 3차 공판이 끝날 무렵 이렇게 진술한다.

지금 말한 대로 이토를 죽인다는 것은 일개인을 위한 것이 아니고 동양평화를 위하여 한 것이다. 러일전쟁 개전 당시 일본 천황 폐하의 선전조칙에 의하면 동양의 평화를 유지하고 한국의 독립을 공고히 한다는 선언이 있었다. 그 후, 러일전쟁이 강화가 되어서 일본이 개선할 때에 조선 사람은 마치 자국이 개선한 것처럼 감격하여 대단히 환영하였다. 그런데 이토가 통감이 되어 한국에 주재하게 되어 5개조의 조약을 체결한 것은 한국 상하의 인민을 속이고 일본 천황 폐하의 성려를

---

37 이은상 역, 「한국인 안응칠 소회」, 『안중근 의사 자서전』, 121~122쪽. 안중근이 제출한 이 자료는 일본 관리들에 의해서 "극비" 자료로 분류되어 「안응칠 이토의 침략정책 규탄문(安應七 伊藤의 侵略政策 糾彈文)」이라는 제목이 붙여져서 관리되었는데, 안중근이 쓴 한문 원문을 소개하면 다음과 같다. 天生蒸民四海之內皆爲兄弟各守自由好生厭死人皆常情今日世人例稱文明時代然我獨長嘆不然夫文明者勿論東西洋賢愚男女老少各守天賦之性崇常道德相無競爭之心安土樂業共享泰平是可曰文明也現今時代不然所謂上等社會高等人物者所論者競爭之說所究者殺人機械故東西洋六大洲砲煙彈雨無日不絶豈不慨嘆哉到今東洋大勢言之則慘狀尤甚眞可難記也所謂伊藤博文未能深料天下大勢濫用殘酷之政策東洋全幅將未免魚肉之場噫遠慮天下大勢有志靑年等豈肯束手無策坐以待死乎故此漢思之不已一砲於哈爾賓萬人公眠之前欲爲聲討伊藤老賊之罪惡警醒東洋有志靑年等之精神的也(http://db.history.go.kr/id/jh_097r_0010_1440)(국사편찬위원회 한국사데이터베이스 자료 검색 최종 검색일: 2018년 1월 5일).

거스르며 한 짓이다. 때문에 한국 상하의 인민은 대단히 이토를 증오하였으며 이것에 반대를 주창하였다. 그 후 또 7개조의 조약을 체결시켰다. 이에 따라 이토 통감의 방약무인한 태도는 한국을 위해서 불이익한 것뿐이라는 것을 점점 절감하였다. 이토 통감은 강제로 전 황제를 폐위시키고 더욱 방약무인한 행위를 하였기에 한국인민은 통감을 마치 구적과 같이 생각하고 있었다. 때문에 나도 도처에서 유세를 하였으며, 가는 곳마다 싸웠고 의병 참모중장으로서 각지의 전쟁에도 나갔다. 따라서 오늘 이토를 하얼빈에서 살해한 것은 한국 독립 전쟁의 의병 참모중장의 자격으로 한 것이다. 그러므로 오늘 이 법정에 끌려나온 것은 전쟁에 나가 포로가 되었기 때문이라고 생각한다. 자객으로서 심문을 받을 이유가 없다고 생각한다. 내가 의견을 진술하고 싶은 것은 4가지 있다. 지금 말한 것이 첫째이고 둘째는 오늘날 한일 양국 관계라는 것은 일본 신민이 한국에 와서 관계(官界)에서 일하고 있으며 또 조선 신민도 일본의 관리가 되어 행정에 종사하고 있는 것과 같은 상황이기 때문에 전적으로 한 나라 사람 같이 되었다. 그러므로 조선 사람이 일본 천황 폐하를 위하여 충의를 다할 수 없다는 것도 있을 수 없다. 또 일본 국민으로 한국 황제를 위하여 충의를 다할 수 없다는 것은 있을 수 없다. 그럼에도 불구하고 이토가 한국의 통감이 된 이래 체결한 5개조의 조약, 7개 조의 조약과 같은 것을 모두 무력을 앞세워 강제로 한국 황제를 협박하여 체결한 것이다. 원래 이토 그자는 한국에 와 있는 이상 한국 황제 폐하의 외신으로서 처신해야 하는 것이다. 그러나 무엄하게도 황제 폐하를 억류하고 폐제(廢帝)까지도 하였다. 무릇 세상에서 존귀한 이는 누구인가 하면 인간으로서는 천황 폐하이다. 그 범해서는 안 될 분을 자기 멋대로 범한다는 것은 천황 폐하보다 더 높은 분이라고 하지 않으면 안 된다. 이토의 소위는 국민으로서의 행위가 아니다. 순량한 충신이 아니라는 것을 알기 때문에 한국에서 의병이 일어나 싸우고 있다. 그것을 일본 군대가 진압하려 하고 있다. 이것이야말로 일본과 한국의 전쟁이라 하지 않을 수 없다. 이런 일은 동양의 평화를 유지하고 한국의 독립을 공고히 한다는 일본 천황의 성지에 반하는 것이다. 그리고 이토가 일본 천황 폐하의 성지에 반하는 이유는 외부·공부·법부·통신기관을 일본이 장악하고 있기 때문이다. 이런 것으로 한국 독립을 공고히 할 수 없다는 것이 명백하다. 또 지금 말한 바와 같이 이토는 일본에도 한국에도 역적이라는 것을 충분히 알 수 있다. 그리고 갑오년에 한국에 커다란 불행이 있었다. 그것은 무엇인가 하면 황후를 이토 통감 그 자가 일본의 많은 병력으로 살해한 음모이다.[38]

이어서 안중근이 이토가 일본 전황제를 살해했다고 말하려 했을 때 마나베 판관이 그의 진술을 가로막고 공개 재판을 정지

---

38 신운용 편역, 안중근의사기념사업회, 『안중근·우덕순·조도선·유동하 공판기록-안중근사건 공판속기록』(안중근 자료집 10)(채륜, 2010), 162~164쪽.

시켰다. 이런 상태에서 안중근은 비공개로 열린 공판 과정에서 계속해서 진술한다.

나는 일본 4,000만 한국 2,000만 동포를 위해 또는 한국 황제 폐하와 일본 천황에 충의를 다 하기 위해 이번의 거사로 나왔던 것이다. 이제까지 이미 여러 번 말한 대로 나의 목적은 동양평화 문제에 있다. 일본 천황의 선전 조칙과 같이 한국의 독립을 공고하도록 하는 것은 나의 종생의 목적이며 또 필생의 일이다. 무릇 세상에는 작은 벌레라도 일신의 생명 재산의 안고(安固)를 빌지 않는 것은 없다. 하물며 인간된 자는 그것을 위해서는 십분 진력하지 않으면 안 되는 것으로 생각한다.

그런데 이토가 통감으로서 하는 짓은 입으로는 평화를 위한다고 하나 실제는 그것에 반하고 있다. 과연 그 생각이 있었더라면 한일 양국인 사이에는 서로 멀어질 것이었고 같은 나라 사람이라는 관념을 갖도록 진력하지 않으면 안 된다고 생각한다. 이토는 통감으로서 한국에 온 이래 한국 인민을 죽이고 선제를 폐위시키고 현 황제를 자기 부하처럼 압제하고 파리를 죽이듯 인민을 죽여버렸다.

원래 생명을 아끼는 것은 인정(人情)이지만 영웅은 늘 신명을 던져 나라에 진충하도록 교훈하고 있는 것이다. 그러나 이토는 멋대로 타국인을 죽이는 것을 영웅이라고 알고 한국의 평화를 어지럽게 하고 십수만의 인민을 죽였다. 하지만 나는 일본 천황의 선전조칙에 있는 것 같이 동양의 평화를 유지하고 한국의 독립을 공고히 하여 한·일·청 3국이 동맹하여 평화를 부르짖고 8,000만 이하의 국민이 서로 화합하여 점차 개화된 세계로 진보하고 나아가서는 구주와 세계 각국과 더불어 평화에 진력하면 시민은 안도하여 비로소 선전의 조칙에도 부응할 것으로 생각하는데 이토가 있어서는 동양평화를 유지할 수 없다고 생각하였으므로 이번 일을 결행하였다.

이상과 같이 이토는 통감으로 온 이래 황제를 폐하고 신제를 압제하고 또 다수의 인민을 죽여 더욱 한국을 피폐케 하였다. 게다가 일본 천황이나 일본 국민에게 한국은 모두 일본의 보호에 복종하고 있다고 발표하여 일본의 상하를 속이고 한국과 일본의 사이를 멀게 한 것으로 생각하고 기회를 기다려 없애버리려고 생각하고 있었다. 이번에 하얼빈에서 그 기회를 얻었으므로 일찍부터 계획한 목적에 의해 이토를 살해한 것이다.[39]

안중근은 사형 판결을 받고 나서 히라이시 고등법원장을 만나서 동양평화 비전을 포함해서 이토 저격에 관한, 그리고 일본의 지배 정책에 관한, 그리고 자신의 재판과 사형일에 관한 뜻 등을 전한다. 여기서 그는 이토에 대해 이렇게 진술한다.

---

39 『안중근·우덕순·조도선·유동하·공판기록-공판시말서』, 96~97쪽.

이토 히로부미는 자기를 불리기 위하여 온 사람이다. 일본 천황의 위덕도 가리고 도리어 이를 행한 악인이다. 공판정에서 검찰관은 이토 히로부미가 현재 통감이 아닌데도 그를 죽인 것은 사원(私怨)에 의한 것이라고 논하지만 그것은 잘못된 것이다. 이토 히로부미는 통감에서 물러난 뒤에도 여러 가지로 간섭하여 합방 문제까지 일어나고 있다. 나는 결코 사원이나 일사인(一私人)으로서 이토 히로부미를 죽인 것이 아니다. …… 이토 히로부미는 통감으로 한국에 부임했을 때 자기는 한국을 위해 일하겠다는 성명을 발표했으나 이것은 오직 외국에 대한 인사치레에 지나지 않았으며 그 진의는 전혀 반대되는 것이었다. 예를 들면 한일협약을 맺게 한 한국의 이완용 등의 무리에 대해서는 한국인 모두가 개만도 못한 놈이라며 그 이름을 입에 담는 것조차 창피하다고 생각하고 있다. 그런 의미에서 이토 히로부미야말로 원수라고 보게 되었다. 이토 히로부미를 살려두면 동양의 평화를 해칠 뿐이다. 동양의 한 분자인 나로서 이런 악한을 제거하는 것은 당연한 의무라고 믿고 이토 히로부미를 살해하기에 이른 것이다. …… 이토 히로부미를 20세기의 영웅이며 위대한 인물이라고 칭찬하는 자들이 있는데 내가 보기에는 소인에 지나지 않고 간악하기 짝이 없는 자라고 할 수밖에 없다. 청일, 러일, 한일관계를 봐도 이토 히로부미의 정책이 옳지 않았기 때문에 총소리가 하루도 그칠 날이 없었다.[40]

40 「청취서」, 555~556쪽.

위의 진술들에서 보는 것처럼, 안중근은 처음부터 끝까지 자신이 이토를 저격한 이유는 조국의 독립과 동양의 평화를 위한 것이라 천명하였다.

그러나 일본 지배 세력은 안중근이 이토를 저격한 것이 그가 이토의 정치적 선의를 오해했기 때문이라 주장하였다. 우리는 이것을 "이토 오해 저격론"이라 명명할 수 있는데,[41] 2월 12일 5차 공판 때 미즈노 변호사 역시 이런 오해 저격론을 피력하면서 안중근의 무죄를 주장하였다. 당대 교회 지도자들 가운데 특히 뮈텔 주교도 이런 "오해 저격론"을 취하였고, 안중근도 이것을 받아들이기를 바랐다. 뮈텔 주교는 안중근이 이것을 공적으로 받아들이지 않는 한 그가 받기를 바라는 성사를 거행할 사제를 그에게 보낼 수 없다고까지 했다.[42]

하지만 안중근은 일관되게 자기가 이토를 저격한 것은 그의 정책을 오해해서가 아니라 그의 침략 정책을 직시했기 때문이라 말한다. 그는 이토와 그의 동조자들, 곧 일본 지배 세력의 침략 정책에 맞서 한국의 독립과 동양의 평화를 위해 이토를 저격

---

41 "이토 오해 저격론"과 관련해서는 『안중근 토마스』, 158~172쪽. 이 관점의 허구성에 대한 역사적 규명과 관련해서는 같은 책, 172~181쪽 참조.

42 황종렬, 『신앙과 민족의식이 만날 때』(분도출판사, 2001), 4장 「안중근의 신앙 세계」에서 소개한 빌렘 신부 면회와 관련한 진술 참조.

했다고 진술하였다. 실제로 안중근은 첫째 공판 중에 마나베 재판장 앞에서 이토를 저격한 것은 "3년 전부터 갖고 있던 생각을 실행한 것에 지나지 않는 것"이라 했다. 1908년 이범윤을 만나서 이토의 과오를 진술한 것을 앞에서 보았는데, 위에서와 같은 신문 첫날 첫 대면에서 저렇게 이토의 죄악을 제시하고 이토 저격 후 10일쯤에 저와 같이 자기의 견해를 밝힐 수 있었던 것은 바로 이런 맥락에서 이해할 수 있다.

안중근 자신이 바라는 것은 한국과 일본과 청국이 서로 연대해 한국의 진정한 독립과 동양의 평화를 구현하고 개화된 세계와 함께 세계평화를 향하여 나가는 것이다. 그런데 이토가 이를 가로막았다고 판단해 마침내 그를 하얼빈역에서 저격했다는 것이다. 안중근은 최후 진술에서 다시 자신이 이토를 저격한 이유를 이토의 정치적 실정과 연결지어 진술한다.[43]

안중근은 이토를 저격한 것은 사명의 끝이 아니고 한국의 독립과 동양의 평화를 위해 필요한 출발점에 지나지 않는다고 보았다.[44] 그렇기 때문에 그는 이토를 저격한 뒤에 도주할 이유가 전혀 없었다고 말한다. 그는 신문 과정에서 이미 "이등을 죽이는

---

43   『안중근 · 우덕순 · 조도선 · 유동하 공판기록-안중근사건 공판속기록』, 220쪽.

44   1차 공판, 『안중근 · 우덕순 · 조도선 · 유동하 공판기록-안중근사건 공판속기록』, 23~24쪽.

것"만을 "목적"으로 삼지 않았고, 그가 "일본 황제도 속이고 정책을 잘못한 것을 사회에 공표하고 이를 파괴하려고 한 데" 자신의 진정한 목표가 있다고 말하였다.[45] 미조부치가 "이토공의 목숨을 잃게 했다면 그대 자신은 어떻게 할 생각이었는가" 하고 물었을 때, 안중근의 다음 답변은 그가 법정 과정을 정의를 세우는 여정으로 설정했다는 점을 보여준다. "나는 나 자신에 대해서는 깊이 생각한 적이 없다. 이토의 목숨을 빼앗으면 나는 법정에 끌려나갈 테고, 그때 이토의 죄악을 하나하나 진술하고 나 자신은 일본 측에 일임할 생각이었다."[46] 이것은 안중근이 이토 히로부미를 저격한 것이 처음부터 일관되게 조국의 독립과 동양의 평화, 그리고 이것을 가능하게 할 일본의 정치적 정화를 겨누었다는 뜻이다.

안중근이 하느님과 이어져 있음을 사는 과정은 평화를 준거로 하고 궁극적 평화를 지향한다. 안중근 자신과 주변 사람, 나라와 동아시아 그리고 세계의 평화를 위한 투신은 근원적인 하느님 집안의 평화 인식에 근거한 것이다. 이것은 그의 평화 비전을 가톨릭 신앙으로 포장하려는 것이 아니다. 어떤 의미에서 안

---

45 한국국사편찬위원회 편, 『한국독립운동사 자료』 7(1978), 400쪽.
46 「안중근 제1회 신문조서」, 『안중근 신문기록』, 18쪽.

중근을 가톨릭 신앙에 종속시키려는 것으로 보일 수 있고, 그의 투신을 좁게 보면 실제로 이런 우를 범할 수도 있다. 그러나 이것은 그가 자기의 존재로 도달한 가톨릭 신앙에 의해 하느님의 한 집안 의식과 살이를 실천하는 맥락에서 자신의 투신을 일관되게 통합했다는 것을 뜻한다.

이런 의미에서 내가 관심을 기울이는 것은 그가 실제로 자기의 존재를 이해한 기본 틀과 그의 존재 행위들을 통합적으로 식별해 해석하는 데 있다는 점을 다시 한 번 강조하고 싶다. 그는 가톨릭 신앙을 내면화하면서 살기 시작한 이래 무장 투쟁 이전에 조선 말기 시대 상황에서 이미 인간의 존엄에 대한 투철한 인식에 근거해 자기 주변에서 불의한 권력에 의해 곤경을 겪는 이웃들을 위해 그들의 대변자가 되어 헌신하는 것을 볼 수 있다.[47] 이토 히로부미를 저격한 사건은 하느님과 이어져 있는 존재들의 연대를 위한 그의 이 같은 투신에 비추어 볼 때만 비로소 건강하게 그 의미를 읽어낼 수 있다고 나는 확신한다.

하지만 당대 일본 지배 세력은 안중근의 이 같은 비전이 세상 사람들에게 알려지는 것을 차단하였다. 따라서 그를 감옥에 가두고 사법부의 법 절차를 동원해 8일간의 형식적 재판을 강행해 그를 죽이려 했다. 이 과정에서 일본 지배자들은 안중근을 파

---

47 「안응칠역사」, 32~40쪽.

렴치범, 악한, 흉한(凶漢), 자객, 테러리스트, 암살범, 세계정세를 모르고 일본의 진심을 모른 채 이토의 헌신을 오해한 자, 일본과 이토의 은혜를 몰라보는 어리석은 자, 광신적 종교심에 사로잡힌 자 등으로 인식하게 하려 했다.[48]

그러나 안중근은 자기가 하느님과 세계와 한국민과 일본민 앞에서 "태평 비상(飛翔)"을 위한 "비상(非常)한 방법", "비상(非常)한 수단"으로 그가 간직한 동양평화 비전을 자신의 온 존재를 통해 남겨놓는다. 그가 자신의 목숨을 다해 지키려 했던 동양평화 비전을 남겨놓은 과정을 추적하면 다음과 같다.

그는 한문으로 「안응칠역사」라는 제목의 자서전을 썼다. 이것은 1909년 12월 13일부터 쓰기 시작해 1910년 3월 15일에 마쳤는데, 그의 동양평화 비전은 이 자서전에 나타난 그의 생애를 대조의 틀로 삼을 때 더욱 충실하게 이해할 수 있다.

그는 사카이 기메 경시와 미조부치 타카오 검찰관에게 신문을 받으면서 세계에 대한 자신의 인식을 피력하였고, 재판 과정에서 역시 공판 기록물 형태로 세계 관계에 대한 자기의 인식을 표현해 남겨놓았다. 이런 과정이 끝나자 그는 직접 「동양평화론」이라는 제목으로 글을 쓰기 시작했는데, 결국 그는 이 작품을 완성하지 못한 채 처형당하였다. 또한 그는 두 동생 공근 정

---

48 『안중근 토마스』, 81쪽.

근과 사촌 동생 명근을 만나고 일본 국선 변호사들과 만나면서 자신의 뜻을 전하였고, 변론을 할 수 없었던 한국인 변호사 안병찬과 다른 면회자들, 감옥 관리들 등과 나눈 대화도 부분적으로 남아 있다. 또한 뤼순 감옥을 찾아와서 성사를 집행한 빌렘 신부와 면담한 내용이 있고, 앞서 언급한 것처럼, 사형판결 후 히라이시 법원장과 만나서 나눈 진술들이 접견록 형태로 남아 있다. 히라이시와 면담한 자료는 그의 「동양평화론」 비전을 드러내는 매우 중요한 원천이다.

끝으로 그의 동양평화 비전과 관련해서 특별히 주목할 자료는 사형을 선고받은 뒤 사람들의 청으로 쓰기 시작한 붓글씨 내용이다. 안중근은 그가 죽기 전에 그에게 글을 받고 싶어 하는 일본 관리들과 여러 계층의 일본인들에게 글을 써주었다. 그는 이 일을 하느라 많은 시간을 썼는데, 「동양평화론」을 집필할 시간을 내기 어려울 정도로 많은 묵필을 남겼다. 그리고는 「동양평화론」을 완성하지 못한 채 일본 지배 세력에 의해 교수형을 당했다. 그는 이렇게 동양평화의 증거자이자 화신으로서 그의 생을 온전히 내주었다. 때는 1910년 3월 26일 10시경이었다.

4. 안중근의 동양평화 비전

안중근의 동양평화관의 핵심은 하느님과 그분의 실재들이 존재적으로 하나로 이어져 있음을 깨달아 살면서 이렇게 이어져 있는 존재들이 서로 연대하는 데 있다. 우리는 앞에서 안중근이 첫째, 동포들이 참회해 하느님의 의자(義子)가 되어, 둘째, 솔선수범으로 도덕 시대를 이루어 태평을 누리며, 셋째, 동포들이 이렇게 선생(善生)을 살아서 복종(福終)을 맞아 하느님의 자녀로서 그분의 나라 곧 "천당(天堂)"에서 영복(永福)을 공유할 수 있기를 바랐다는 것을 보았다. 그가 말하는 "천당", "극락", "영원지락"은 이 세계에서 하느님의 살림에 참여해 그분의 실재를 육화하는 투신과 긴밀하게 연결되어 있고, 이것을 위해 하느님의 존재들이 연대하는 투신에서 비롯되는 것이다. 하느님의 다스림이 실현되는 곳은 이웃을 사랑하는 것처럼 자기 자신을 사랑하는 존재들이 함께 사는 집(自愛室)이고, 사랑과 지혜가 모든 관계에서 실현되는 장(仁智堂)이며, 구름처럼 자유롭게 자기의 존재를 실현하는 존재장(雲齋)이다. 이것은 사랑, 지혜, 자유를 파괴하는 존재들은 하느님의 집, 하느님의 살림의 장, 하느님의 나라-천국에서 스스로 멀어진다는 것을 뜻한다.

안중근의 평화 비전은 근원적으로 이 하느님-인간-세계 관계에 관한 이해에서 비롯된다. 하느님은 그분의 시간과 공간 안에서 그분의 뜻에 따라 당신이 창조하신 빛 안에서, 우리가 체험하는 자연적 어둠과 밤은 이 빛 안의 어둠이고 밤일 따름이다, 그분과 마주할 수 있는 존재들을 있게 하시고, 그것들을 보고 "좋다" 하셨다.[49] 인간을 당신의 모습대로 창조하시고[50] 흙으로 빚은 존재에게 당신의 숨을 불어넣어서 당신의 숨으로 당신의 살림에 참여하게 하셨다.[51]

창세기 저자는 하느님이 아담을 잠들게 한 후 그의 뼈를 취해 하와를 창조하셨다고 말한다. 이것은 당신이 아담을 비롯한 당

---

49 창세기 1장.
50 창세기 1,27-28.
51 창세기 2,7.

신의 모든 창조물을 돌보시듯, 하와를 아담을 돕고 아담과 함께 당신의 창조와 살림을 도울 존재로 함께 살게 하셨다는 것을 뜻한다.[52]

하느님에게서 온 존재로서 그분이 바라시고 그분이 하시는 대로 살리는 데 관심을 두고 투신하는 존재들과 그분에게서 와서 오히려 그분의 뜻을 등지고 지배하는 것을 존재 이유로 삼는 존재들이 있다. 그분의 살림을 자기 삶의 중심에 놓고 사는 사람들은 하느님의 자녀라 불리며 그분의 나라, 그분의 땅, 그분을 바라보는 기쁨과 충만 속에서 정의와 평화의 열매를 맛보게 되리라는 믿음을 갖는다. 그가 남긴 필묵, "천당지복영원지락(天堂之福永遠之樂)"은 바로 이 상태를 표현한 것이라 본다. 그는 하느님의 실재와 세계의 실재의 이어짐, 합치, 친교의 잔치 상태를, 그가 남긴 필묵이 증언하듯이, "극락(極樂)"으로 표현하기도 하였다.

그런데 그분의 살림을 거스르면서 그분이 창조하신 창조물들과 사람들의 숨을 헐떡거리고 질식하게 만들면서 지배, 부, 지식, 책임, 행복, 의미, 권력을 장악하려 하는 존재들이 있다. 악에는 단순 악과 구조 악이 있다. 단순 악은 의도하지 않은 폭력의 결과로 하느님과 이어져 있음을 파괴하는 것으로 나타난다.

---

52 창세기 2,18-25.

구조 악은 의도된 폭력으로 하느님과 이어져 있음을 가로막고 파괴하는 것으로 나타난다. 하느님은 당신의 실재가 육화된 모든 존재에게 빛을 비추어주시고 산 생명에게 숨을 주시는데, 악의 세력은 빛을 독점하려 하고 숨을 건드린다. 악의 세력은 하느님과 이어져 있는 범위를 좁히고 전체 범위를 공유하지 않는다. 이들은 자신들 이외의 존재들이 부분만 알게 만들려고 한다. 그렇게 해야 그들을 장악하기 쉽기 때문이다. 이들은 다른 이들의 존재와 실재 가능성을 줄이려 한다. 이들은 자신들이 설정한 범위 밖에서 존재하는 주체들을 제거하려 한다. 이것이 악한 세력들이 정의로운 존재들을 감옥에 가두고 역사를 왜곡하는 이유를 구성한다.

시간은 공간보다 위대하다는 말은 진리다. 시간은 모든 존재에게 열려 있으나, 공간은 지배 세력에게 장악당할 가능성이 있기 때문이다. 그래서 악한 세력은 역사를 장악하고 조작하려 한다. 우리는 역사 속에서 일본 지배 세력이 어떻게 다른 존재들의 빛과 숨을 건드리고, 시간과 공간을 장악하려 했는지 잘 안다. 안중근의 평화 비전은 이 세계와 죽음 이후의 세계에서 하느님의 살림이 실현되도록 투신하면서, 하느님의 살림의 가치들을 파괴하는 존재들을 설득해 그분의 살림에 공명하고, 그분의 살림으로서 창조와 구원에 협력할 수 있게 하는 형태로 구조화되어 있다. 안중근의 동양평화관은 일본 지배 세력이 평화의 구조화를 파괴하는 행태들을 비추어 드러나게 하는 일종의 거울과 같은 성격을 갖는다. 그러면 그는 구체적으로 어떤 형태로 동양평화를 구상했는가?

4.1. 「동양평화론」에 담긴 기본 구상과 내용

앞에서 안중근이 옥에서 「동양평화론」을 직접 쓰고자 했고 또 이 작업을 수행했다는 것을 언급하였다.[53] 그는 이 저작을 서문과 1. 전감(前鑑), 2. 현상(現狀), 3. 복선(伏線), 4. 문답(問答)으로 구성할 계획이었던 것 같다.[54] 하지만 그는 서문을 완결하고 전감 부분을 진행할 때 처형당하여 「동양평화론」은 미완성 형태로 남겨졌다.

안중근은 「동양평화론」을 "합하면 성공하고 흩어지면 패망한

---

53 안중근의 「동양평화론」에 관한 아래의 진술은 『안중근 토마스』, 203~215쪽을 기초로 했음을 밝힌다.

54 「동양평화론(東洋平和論)」, 『안중근문집』, 534쪽.

다는 것은 만고에 분명히 정해져 있는 이치"라는 선언으로 시작하는데,[55] 이것이 이 작품의 기저음을 구성한다. 그는 여기서 너의 숨을 지켜서 함께 존재의 축복을 공유하는 것이 아니라 사람과 생명체들과 자연 만물을 파괴하는 데 쓰이는 서구의 기계 문명의 모순을 직시한다. 그런 가운데 지리적으로 동과 서, 인종적으로 황과 백, 군사적으로 지배를 추구하는 국가들과 지배당하며 신음하는 국가들을 대비시킨다. 그는 바로 이 대비(對比) 구도 위에서 일본과 청국과 한국이 동양평화를 향하여 연대할 것을 호소한다.[56]

그는 러시아가 일본에 패한 것을 "폭행과 잔해(殘害)함"이 심하고 죄가 넘쳐서 하늘과 사람의 분노가 차오르자 하늘이 작은 섬나라 일본을 당신 분노의 매로 세워 러시아를 치게 하고, 여기에 청국과 한국이 협력해 나타난 결과로 설명한다. 이런 맥락에서 그는 일본의 승리를 "하늘에 순하고 땅의 배려를 얻은 것이며 사람의 정에 응하는 이치"에 부합한 것으로 인식한다.[57]

하지만 한국의 독립과 동양의 평화를 약속하고 전쟁을 일으켰던 일본이 승리한 후 돌변해 "같은 인종인 이웃 나라를 깎고

---

55 「동양평화론」, 564쪽.

56 「동양평화론」, 564~566쪽.

57 「동양평화론」, 564~565쪽.

우의를 끊어" 한국과 청국 민인들의 열망을 탄식으로 전도시켰다는 것이 안중근의 인식이다. 일본은 서세동점의 위기에 직면해 한국, 청국과 연대해야 함에도 도리어 지배 정략을 고치지 않고 핍박했다. 이런 일본의 불의 앞에서 그는 "동양평화를 위한 의전을 하얼빈에서 개전하고 담판하는 자리를 여순구(旅順口)에 정"한 사람으로서, 동양평화에 관한 자신의 뜻을 담아 이 원고를 준비했다는 것이다.[58]

서문에서 「동양평화론」을 쓰는 기본 취지를 제시한 안중근은 "전감"에서는 동양평화를 구현할 사명과 관련해 거울로 삼을 선 역사를 살핀다. 안중근은 앞에서 이미 러일전쟁의 의의를 진술했는데, 여기서는 러일전쟁 당시 한국과 청국이 이 전쟁에 응답할 여러 가능성에 초점을 맞춘다. 그는 먼저 청일전쟁에서 저 거대한 청국이 패한 원인을 국제관계에서 청이 드러냈던 오만과 민에 대한 관의 불의와 부패에서 찾는다. 일본은 청국을 이긴 뒤 뤼순을 비롯해서 랴오둥반도를 차지하려 했지만 러시아, 프랑스, 독일의 반대로 뜻을 이루지 못하였다. 오히려 러시아가 '부동항'을 확보하기 위하여 남하 정책을 진전시켜서 뤼순을 조차지로 확보했다.[59] 이런 상황에서 청일전쟁 후 10년이 지나 마침

---

58 「동양평화론」, 565~566쪽.

59 「동양평화론」, 568쪽.

내 러일전쟁이 발생하였다. 안중근은 이번 전쟁은 동양평화를 앞세운 일본과 폭행과 잔악함 때문에 하늘과 사람이 등진 러시아 사이에서 벌어진 일종의 황백 인종 간의 전쟁으로 진단한다. 이런 이유로 한국과 청국은 당시 일본에게 겪었던 치욕에도 불구하고 오히려 "일본으로 하여금 위대한 공훈을 만주땅 위에서 세우게 했다"는 것이다.[60]

안중근이 이러한 러일전쟁 당시 상황을 "전감"이라는 제목으로 서술한 목적은 단순히 역사적 사실 자체를 돌아보려는 데 있지 않았다. 그는 여기서 방법론적 사고를 보여준다. 이를테면, 당시 러일전쟁 때 일본의 전쟁이 다 옳거나 다 만족스럽거나 해서 한국과 청국이 러시아를 공격하는 일본 군대를 치지 않았던 것이 아니라는 것이다. 백인 국가들의 초법탈법적 침략 책동을 내다본 청국과 한국이 세계정세와 문명을 내다보는 눈이 있어서, 이 두 나라가 동양의 평화를 위해 일본과 이 같은 연대를 이룰 수 있게 했다는 것이다.[61]

그런데 일본은 러시아와 전쟁에서 승리할 무렵 서둘러 조약을 체결하면서 한국에 대해 우월한 지위를 확보했다. 안중근은 이것 자체가 이미 일본이 한국에 대한 지배욕을 관철한 것을 뜻

---

60 「동양평화론」, 571쪽.
61 「동양평화론」, 569~571쪽.

한다고 보았다.[62] 그는 서문에서 일본이 러일전쟁 후에 한국에 대한 지배를 구축하는 방식으로 조약을 맺은 것은 전쟁 당시 자신이 내세웠던 목적으로서 한국 독립과 동양평화를 스스로 파괴한 것이라 진술한다.[63]

안중근은 "전감" 마지막 진술에서 일본의 지배주의가 현실화하는 역사 상황에 비추어 일본은 이제 동양 황인종 형제 국가들을 적으로 만들고, 서양 백인종 국가들은 러시아를 감싸며 연대하게 만들었다고 말한다. 이렇게 하여 일본은 스스로 "독부(獨夫)의 환난"을 초래한다면서 이를 슬퍼한다.[64]

그러면 안중근은 그가 미처 집필하지 못한 장들에서는 어떤 내용을 다루었을까? 아래에서는 이토 저격 이후 부여받은 시간과 공간 안에서 동양평화와 관련해 남긴 자료들을 중심으로 그가 진술했을 것으로 추정되는 내용을 짚어보기로 한다.

안중근은 이미 미조부치와 사카이의 신문 과정과 이토의 죄 진술 등을 통하여 세계정세의 흐름과 일본의 지배 정책에 대해

---

62 「동양평화론」, 571~572쪽.

63 「동양평화론」, 565~566쪽.

64 「동양평화론」, 572쪽. 번역본에는 "독부의 판단"으로 되어 있으나, 한문본 원문에는 "獨夫之患"으로 표현되어 있다. 같은 책, 544쪽.

서 자신의 입장을 밝혔다. 이런 자료들을 종합하면 안중근이 기획했던 "현상" 부분은 어느 정도 추론할 수 있을 듯하다. 이를테면, "현상"에서 그는 자신이 15개 조목으로 정리해 제시한 이토의 잘못을 일본의 한국 침략과 연계해 제시했을 것으로 보인다. 일차 공판 때 진술한 것처럼, 그는 이토가 만주 지역을 방문한다는 사실을 사람들과 《원동보(遠東報)》나 《대동공보》 같은 신문을 통해서 알았다.[65] 이런 점에 비추어볼 때, 그는 한국을 비롯해 만주와 차이나 등을 지배하려는 조치를 이토의 만주행과 연결지어 기술했을 듯싶다.[66] 그는 히라이시를 만나서 만주철도를 둘러싼 패권주의형 분쟁을 넘어서 상호 연대형 발전을 일본이 주도해 진정한 "동양의 주인공"이 되어 달라고 요청한 적이 있다.[67] 그는 일본이 한국과 만주와 청국 등에 대해서 갖고 있던 지배 정책을 당대 정치 상황과 연결하여 식별한 것을 토대로 히라이시에게 이같은 제안을 하였을 것이다. 또한 미국의 세력화와 영국, 프랑스, 독일 같은 서구 나라들이 지배력을 확장하는 현상을 제

---

65 『안중근·우덕순·조도선·유동하·공판기록: 공판속기록』, 26쪽.

66 「안중근 제1회 신문조서」, 『안중근 신문기록』, 5~6쪽; 1차 공판 때 안중근의 진술: 『안중근·우덕순·조도선·유동하·공판기록: 공판속기록』, 19~20쪽; 3차 공판 때 비공개로 열린 법정에서 한 진술: 『안중근·우덕순·조도선·유동하·공판기록-공판시말서』, 94~97쪽; 「청취서」, 553~556; 「안응칠역사」, 100~101쪽 등 참조.

67 「청취서」, 557~559쪽.

시하고, 이런 배경 속에서 문명, 동서, 인종, 군사 영역에서 나타나는 대립 현상들을 제시했을 것으로 추론된다.[68]

"복선" 부분에서는 "현상"에서 다룬, 일본이 당대에 한국, 청국, 러시아를 대상으로 드러낸 정책들이 논의의 출발점이었을 것으로 본다. 안중근은 먼저 일본의 정책들에 복선으로 깔린 지배주의 성격을 제시하고, 일본이 일본의 문명화와 동양의 평화를 위해 한국, 청국과 함께 연대해 택할 대안을 새로운 길로 제시했을 것 같다. 안중근은 특히 이 부분을 채워줄 만한 자료를 남겨놓았다. 이 자료가 앞에서 소개한 「청취서」다.

안중근은 히라이시와 면담을 통해 일본이 취할 대안으로서 동양과 세계평화의 길에서 감추어진 생명의 길을 중심으로 제시한다. 위에서 대안을 제시한 후에 언급한 일본의 지배 정책에 대한 경고는 「청취서」의 기본 전제로 깔려 있으면서 생명의 길을 제안하기 전에도 진술되어 있다. 안중근은 "복선" 부분에서 일본이 이 같은 대안을 따르지 않을 때, 그때는 "전감"에 비추어 예상할 수 있는 것처럼, 일본의 정책이 1945년 8월 15일로 귀결되는 역사의 파국을 불러들이게 되리라는 것을 보게 하면서 새

---

68 1909년 10월 21일과 22일자 《만주일일신문》에 실린 「이등공의 연설」과 빌렘 신부가 1912년 3월 19일자로 청계동에서 로렌 지방의 지인들에게 보낸 서한, 「청취서」 등도 참조.

로운 선택을 설득하고자 했을 것으로 보인다.

이와 관련해 좀 더 보자면, 지난 러일전쟁에서는 한국과 청국이 일본의 평화 선전에 호응해 일본의 승리에 협력하기까지 했다. 하지만 일본이 우애를 깨고 평화를 파괴하면 한국과 청국 그리고 다시 러시아도 일본에 맞섬으로써, 일본은 필연적으로 "독부(獨夫)의 환난을 면하지 못하"리라는 것이다.[69] 안중근은 신문 과정에서 일본이 지배 정책에서 돌아서지 않으면, 미국과도 대결하게 될 것을 내다본다. 이런 방식으로 전선이 확대되면 일본은 필패할 수밖에 없다는 것이다.[70]

일본은 한국과 청국의 민중에게 잠복한 이런 대결 의지가 현재화하게 할 것인가, 아니면 대안-평화의 길이 현재화하게 할 것인가. 대결 구도 속에도 부분적으로 평화 열망이 잠재해 있고, 평화의 길에도 대결의 피가 드러나지 않게 감추어져 있을 수 있다. 일본은 이 두 노선 앞에서 선택의 기로에 서 있다는 것이 안중근의 인식이었다고 추론된다.

체포된 이후 전개된 모든 신문과 공판 진술에서, 그리고 「동

---

69 「동양평화론」, 572쪽.
70 미조부치의 안중근 제6회 신문조서, 『안중근 신문기록』, 106~110쪽. 사카이 경시의 신문에 대한 안응칠의 6회 공술, 『한국독립운동사 자료』 7, 421쪽도 참조.

양평화론」과 「청취서」에서 드러난 것처럼, 안중근은 동양평화와 세계평화를 내다보면서, 논의의 기본 지평을 대한인(大韓人) 규모에 가두지 않는다. 그는 시공간적으로 대한인임을 철저하게 지켜가면서도, 일본인일 가능성을 수락하고, 그런 가운데 동아시아 지평 속에서 사고하고 실천하며 존재한다. 이것은 하느님 살림의 총 지평으로서 생태 살림에 인간 생태·사회 생태·자연 생태 삼생태가 맞물려 존재한다고 할 때, 이 가운데서 사회생태 차원을 적어도 동아시아 3국을 포용하는 형태로 내면화했다는 것을 뜻한다. 그가 지향하는 것은 "동양의 평화를 유지하고 한국의 독립을 공고히 하여 한·일·청 3국이 동맹해 평화를 부르짖고 8,000만 이하의 국민이 서로 화합해 점차 개화된 세계로 진보하고 나아가서는 구주와 세계 각국과 더불어 평화에 진력"하는 것이다.[71] 이를테면 그는 자기를 "동양의 한 분자"로 일컬은 데서 확인할 수 있듯이[72] 동아인(東亞人) 규모를 기본으로 설정한 상태에서, 자신의 목숨을 내주며 지켜갈 만큼 깊고 진지하게, 대한인임이 동양과 세계평화의 걸림돌이 되지 않게 하려는 기본 관심을 가졌다고 본다.

---

71 3차 공판 때 비공개로 열린 재판에서 한 안중근의 진술: 우덕순 조도선 유동하 공판기록-공판시말서, 97쪽..

72 「청취서」, 554쪽.

끝으로 "문답" 부분은 안중근이 최후 진술에서 채용했던 것과 같은 방식으로 마나베나 히라이시, 혹은 미조부치나 이토 같은 대화 상대를 설정해 동양평화와 관련한 핵심 사안에 대해 의견을 주고받으며 동양평화를 합의하는 형태로 기획되었을 듯싶다. 이런 대화 구조는 이미 마테오 리치가 『천주실의』에서 채용한 진리 설득 방식이었는데, 안중근은 이미 자신이 직접 일본의 여러 계층 사람들과 이토 세력의 지배 정책에 대해 논의를 주고받은 경험이 있다. 그는 최후 진술에서 이를 소개하면서, 이토 세력의 지배 정책의 부당함에 대한 비판 의식과 동양평화에 대한 갈망이 일본 민중 사이에 자리 잡았음을 강조하기도 하였다.[73]

안중근은 미조부치가 신문할 때 이토의 생명을 앗은 것이 죄악이 아니냐는 물음에 그를 저격한 것은 "남의 나라를 탈취하고 사람의 생명을 빼앗으려" 하는 "죄악을 제거한 것"일 뿐이라 진술한다. 그는 "금일 유감된 것은 이등이 이곳에 임하여 나의 살의가 생긴 소이를 고하고 의견을 토론할 수 없는 것뿐"이라고 말한다.[74] 여기에 비추어볼 때, 그가 이토를 문답의 상대로 설정했

---

73 『안중근 · 우덕순 · 조도선 · 유동하 공판기록: 공판속기록』, 218~220쪽.

74 미조부치의 안중근 10회 신문조서, 『안중근 신문기록』, 190~191쪽; 미조부치의 안중근 8회 신문조서, 같은 책, 131쪽 참조.

을 가능성은 충분해 보인다. 이를 통하여 그는 한국, 청국, 일본의 주권 독립과 민권 자유[75]를 기초로 황인종의 연대로서 동양평화와 황백 갈등을 넘은 지구인 차원의 세계평화를 설득하고자 했을 것이다. 그리하여 모든 인간 생태의 시원을 이루는 하느님의 실재에 참여한 존재들 사이의 진정한 평화를 향해 나아가는 기쁨과 충만을 노래하지 않았을까 여겨진다.

재판 과정에서는 물론 「동양평화론」과 「청취서」에서 보여주는 것처럼, 안중근에게서는 근본적으로 나라의 독립과 동양의 평화가 분리할 수 없는 방식으로 맞물려 있다.[76] 그가 말하는 동양평화가 철저하게 한국, 청국, 일본의 독립을 전제로 세 나라 사이의 형제적 우애를 근본으로 하기 때문이다. 이런 토대 위에서 그는 이 재판 과정에서 일관되게 자신이 목표로 삼은 것은 단순히 이토를 죽이는 것이 아니라 한국의 독립과 동양의 평화, 그리고 세계의 평화이고, 이토의 저격은 그 과정에서 나타난 한 현상일 뿐이라고 말하였다.[77]

75   안중근의 민권 자유 의식에 관해서는 「안응칠역사」, 41, 53쪽 등 참조.

76   『안중근 신문기록』, 105~106쪽 참조.

77   5차 공판에서 행한 안중근의 진술: 『안중근 · 우덕순 · 조도선 · 유동하 공판기록: 공판속기록』, 220: "한일 양국의 친밀을 저해하고 동양의 평화를 교란시키는 자는 이토공이므로 의병중장의 자격으로 죽인 것이다. 결코 자객으로서 한 일이 아니다.

이런 맥락에서 안중근은 자신의 생애에서 조국, 동아시아, 지구 공동체의 운명과 관련해 3단계 계몽에 헌신했다고 말할 수 있다. 그는 먼저 교육 사업을 통해서 민족 계몽을 도모하고, 간도와 연해주를 중심으로 한 의병 항거와 의식화를 통해서 국내외 동포 계몽을 추구하였다. 그리고 이토 저격을 기점으로 죽기까지 일본과 차이나를 포함해 아시아와 세계 민중의 새로운 의식화, 곧 지구 인류 공동체의 평화 의식의 고양을 추구했다. 바로 이런 사명 의식 때문에 안중근은 일본 정부의 다각적 회유와 협박에도 굴하지 않고, 오해하여 이토를 살해했다는 주장의 허구성을 폭로하며 교수대 앞에서조차 끝까지 동양평화를 설득할 수 있었을 것이다.[78]

안중근은 마지막 순간에 이르러 자신이 직접 진술한, 이토 저격 이유인 동양평화를 위하여 "종용히" 목숨을 내주었다. 이런 관점에서 그는 단순히 천주교인으로서만이 아니라 생명의 궁극

그리고 나의 희망은 ... 동양평화를 실현하고 나아가 오대양 육대주에까지도 모범을 보이는 것이 목적이다." 1차 공판 때 안중근 진술: 같은 책, 24쪽과 3차 공판 때 안중근 진술: 같은 책, 163쪽 이하 참조. 특히 안중근이 진술이 가로막힌 채 재판을 비공개로 한 상태에서 그가 계속해서 진술한 내용을 전하는 공판시말서, 96~97쪽을 보라.

78 한국국사편찬위원회 편, 「소노키가 쓴 보고서」, 『한국독립운동사 자료』 7, 516쪽 참조. 안중근은 히라이시를 만나서 자신이 이토를 죽인 것이 죄가 되지 않는 이유를 동양평화에 대한 자신의 헌신에 있다고 선언한다. 「청취서」, 556~557쪽.

존재에게서 온 존재라는 의미에서 한 "천주인"으로서 하느님의 한 집안을 구성하는 한국, 차이나, 일본의 진정한 독립과 아시아와 지구 규모의 세계평화를 위해 목숨을 내어준 하느님의 평화 살림의 증거자였다고 말할 수 있다.

4.2. 「청취서」에 나타난 동양평화 대안

　안중근은 히라이시를 만났을 때 "내가 만일 일본 사람이라면 일본이 취해야 할 정책에 필요한 의견이 있다. 이를 지금 말하면 지장이 생길 것이므로 이 자리에서는 말하지 않겠다"[79]고 진술한다. 그러자 히라이시가 묻는다. "피고가 지니고 있는 정책이 무엇인가?" 이때 안중근은 "어제 오늘 생각한 것이 아니고 몇 해 동안 가지고 있던 것"이라며 동양평화와 관련한 자신의 "정책과 의견"을 진술한다.[80]

　이를테면, 안중근은 이미 「동양평화론」을 어떻게 구성할 것인

79　「청취서」, 556쪽.
80　「청취서」, 557쪽.

가를 설정한 상태에서 히라이시를 만났을 것으로 보인다. 그런 상태에서 그의 계획상 대안과 연계된 "복선" 부분에서 다룰 내용을 히라이시를 만난 자리에서 일정하게 제시했던 것이 아닌가 싶다. 아래에서는 이토 저격 이후 부여받은 시간과 공간 안에서 동양평화와 관련해 남긴 자료 가운데 특히 「청취서」를 토대로 그의 대안을 짚어보기로 한다.

이 자료는 안중근이 직접 쓰지 않았고, 일본인 법원 서기가 "살인범 피고인 안중근"이 관동도독부 고등법원장과 면담한 내용을 기록한 것이다. 역설적이게도 살해국의 서기가 남긴 기록을 통해서 우리는 안중근이 동양평화를 위해 갖고 있는 대안을 생생한 언어로 추적할 수 있게 된 것이다.

이 자료에 따르면, 안중근은 순천자(順天者)는 흥하고 역천자(逆天者)는 망한다는 관점에서 일본이 마음을 바로잡아 이토의 정책을 변경할 것을 촉구한다.[81] 그는 세계의 선진국이 되려면 "비상한 방법"이 필요하다는 점을 역설하면서, 옛 방법인 약육강식에 따른 지배와 침략을 자신의 평화 비전과 대비한다.[82]

그는 먼저 일본이 경제 정치적으로 우선적으로 할 과제를 제시하면서, 일본국 차원에서 재정을 안정되게 할 것과 국제 사회

81 「청취서」, 555, 557쪽.
82 「청취서」, 557쪽.

에서 신용을 회복할 것, 그리고 일본의 약점을 노리는 세계 여러 나라에 대비해 연구할 것을 권고한다.[83] 그리고는 "한국, 청국 그리고 일본은 세계에서 형제의 나라와 같"은 사이임을 강조하면서 3국의 공동 연대로 주제를 돌린다. 비록 "오늘에 있어서 형제 간의 사이가 나쁠 뿐이며 서로 돕는 모습보다는 불화만을 세계에 알리고 있는 형편"이나, 일본과 청국과 한국 삼국의 연대로 동양평화를 이루고 이를 거점으로 세계평화에 기여할 구체안을 "새로운 정책"으로 일컬으며 진술하였다.[84] 안중근은 여기서 동양평화 대안을 크게 정치적, 경제적, 문화 종교적 방향에서 자신의 뜻을 피력한다. 먼저 「청취서」에 나오는 대안 내용을 1부터 5까지 항 번호를 붙여서 그대로 소개하면 다음과 같다.

1. 새로운 정책은 뤼순을 개방한 일본, 청국 그리고 한국이 공동으로 관리하는 군항으로 만들어 세 나라에서 대표를 파견해 평화회의를 조직한 뒤 이를 공표하는 것이다. 이것은 일본이 야심이 없다는 것을 보이는 일이다. 뤼순은 일단 청국에 돌려주고 그것을 평화의 근거지로 삼는 것이 가장 현명한 방법이라고 생각한다. 패권을 잡으려면 비상한 수단이 필요하다는 것은 바로 이 점을 말하는 것이다.

---

83 「청취서」, 557쪽.
84 「청취서」, 558~559쪽.

뤼순의 반환은 일본의 고통이 되기는 하지만 결과에 있어서는 오히려 이익을 주는 일이 돼 세계 각국이 그 영단에 놀라고 일본을 칭찬하고 신뢰하게 되어 일본, 청국, 한국이 영원한 평화와 행복을 얻기에 이를 것이다.

2. 재정확보에 대해 말하자면 뤼순에 동양평화회의를 조직하여 회원을 모집하고 회원 1명당 회비로 1원씩 모금하는 것이다. 일본, 청국 그리고 한국의 인민 수억이 이에 가입하는 것은 의심할 여지가 없다. 은행을 설립하고 각국이 공용하는 화폐를 발행하면 신용이 생기므로 금융은 자연히 원만해질 것이다. 그리고 중요한 곳에 평화회의 지부를 두고 은행의 지점도 병설하면 일본의 금융은 원만해지고 재정은 완전해질 것이다.

3. 뤼순의 유지를 위해서 일본은 군함 5, 6척만 계류해 두면 된다. 이로써 뤼순을 돌려주기는 했지만 일본을 지키는 데는 걱정이 없다는 것을 다른 나라에 보여주는 것과 다름이 없다. 이상의 방법으로 동양의 평화는 지켜지나 일본을 노리는 열강에 대응하기 위해서는 무장을 하지 않을 수 없다. 이 문제에 대해서는 일본, 청국 그리고 한국의 3국에서 각각 대표를 파견하여 다루게 한다. 세 나라의 청년들로 군단을 편성하고 이들에게는 2개국 이상의 어학을 배우게 하여

우방 또는 형제의 관념이 높아지도록 지도한다. 이런 일본의 태도를 세계에 보여주면 세계는 이에 감복하고 일본을 존경하고 경의를 표하게 될 것이다. 이같이 하면 비록 일본에 대해 야심이 있는 나라가 있다고 해도 그 기회를 얻기 힘들게 되며 일본은 수출도 많이 늘게 되고 재정도 풍부해져서 태산과 같은 안정을 얻게 될 것이다. 청과 한국 두 나라도 함께 그 행복을 누리고 세계에 모범을 보여줄 수 있게 된다.

4. 그리고 청과 한국 두 나라는 일본의 지도 아래 상공업의 발전을 도모하게 될 것이다. 따라서 패권이라는 말부터 의미가 없어지고 만철(滿鐵)문제로 파생되고 있는 분쟁 같은 것은 꿈에도 나타날 수 없게 된다. 이렇게 함으로써 인도, 태국, 베트남 등 아시아 각국이 스스로 이 회의에 가맹하게 되어 일본은 싸움 없이도 동양의 주인공이 되는 것이다.

5. 은나라가 망할 무렵 열국은 주라는 군자를 업어 들여 그로 하여금 천하의 패권을 잡게 했다. 금일의 세계 열강이 아무리 힘을 써도 이루지 못하는 것이 있다. 서구에서는 나폴레옹시대까지 로마교황으로부터 관을 받아 씀으로써 왕위에 올랐었다. 그러나 나폴레옹이 이 제도를 거부한 뒤로는 이 같은 의식을 치르지 않게 됐다. 일본이

앞서 말한 것 같은 패권을 얻은 뒤 일 청 한 세 나라의 황제가 로마 교황을 만나 서로 맹세하고 그 관을 쓴다면 세계는 이 소식에 놀랄 것이다. 오늘날 존재하는 종교 가운데 3분의 2는 천주교이다. 로마 교황을 통해 세계 3분의 2의 민중으로부터 신용을 얻게 된다면 그것은 대단한 힘이 된다. 만일 이에 반대하면 여하히 일본이 강한 나라라고 해도 어찌할 수 없게 된다.[85]

안중근이 "비상한 방법"으로 제시한 동양평화를 위한 대안은 위에서 언급한 것처럼, 정치적, 경제적, 정치-문화-종교적 영역과 맞물려 있다. 위의 1항과 3항에서는 정치적 대안을, 2와 4항에서는 경제적 대안을 제시하는 것을 볼 수 있다. 5항에서는 세계와의 관계 속에서 일본 청국 한국의 평화 연대를 정립하기 위한 대안을 제시한다. 그는 여기서 정치, 경제, 문화 영역에서 모두 여덟 가지 공동 대안, "8공동책"을 제안한다.

프란치스코 교황은 2015년에 발표한 회칙 『찬미받으소서』에서 하느님의 살림 안에서 자연 생태, 인간 생태, 사회 생태가 통합을 이루어 건강한 발전과 보전을 이루려면 시민적 사랑, 정치적 사랑, 사회적 사랑을 실천할 것을 호소한다.[86] 이를테면 안중

---

85 「청취서」, 559쪽.
86 『찬미받으소서』, 231항.

근은 여기서, 비록 프란치스코 교황처럼 이렇게 명시적으로 이야기하지는 않았지만, 하느님의 한 집안의 시민적, 정치적, 사회적 사랑을 자신의 온 존재로 증거한다. 그는 러시아와 이토와 일본 침략 세력의 지배 정책과 실행을, 곧 그들의 정치적 사회적 행동의 불의와 악행을 직시하고 여기에 맞서 저항하였다. 그럼에도 그의 정치적 사회적 투신은 근원적으로 모든 존재가 하느님과 하나로 이어져서 하느님이 아버지가 되어 이루는 한 집안에 대한 분명한 인식에서 비롯되는 사랑의 행위로 나타난다. 이런 점에서 안중근의 동양평화 비전은 사랑으로서 정치, 사랑으로서 시민 살이, 사랑으로서 사회적 투신에 근거해 있고 또 이것들을 민족 사회에서는 물론 동아시아 시민과 동아시아 국가 관계 차원에서 설득했다고 말할 수 있다.

이런 관점에서 안중근의 평화 대안을 좀 더 구체적으로 보자면, 안중근은 1에서 "비상한 수단"의 핵심으로 뤼순을 청국에 돌려줄 것을 제안한다. 이렇게 뤼순을 개방하고 이곳을 한국, 일본, 청국이 공동으로 관리하는 군항으로 만들어야 한다는 것이다. 안중근은 여기서 명시적으로 진술하지는 않았으나, 이 같은 뤼순항 공동 관리는 한국, 청국, 일본이 연대해서 공동 평화군대를 조직할 것을 전제한다. 이것은 아래 3항에서 좀 더 분명하게 나타난다. 그리고는 이 세 나라에서 뤼순으로 대표를 파견해 "평화회의," 곧 그가 2항에서 말하는 "동양평화회의"를 공적으로 조직할 것을 제안한다. 이것은 1899년과 1907년에 두 차례에 걸쳐서 네덜란드 헤이그에서 열린 "만국평화회의"와 대조된다.[87] 이렇게 할 때, 일본의 평화 의지와 한국, 청국, 일본의 평화 준비를 세계에 실질적으로 증거하리라 생각했다. 그의 표현을 빌리자면, 안중근은 일본이 뤼순을 청국에 반환하는 것이 단기적으로는 일본에 "고통"이 될 수 있다는 사실을 인식하고 있다. 하지만 그는 이것이 "결과에 있어서는 오히려 이익을 주"게 될 것으로

---

[87] "만국평화회의"라고 알려진 "세계평화회의"는 1899년과 1907년 두 차례에 걸쳐서 국제법의 아버지로 일컬어지는 그로티우스의 출신국인 네덜란드 헤이그에서 개최된 "International Peace Conference"를 말한다. 1899년 회의는 러시아 니콜라스 황제가 요청하고 1907년 회의는 미국 루스벨트 대통령이 요청해 원래 1904년에 개최될 예정이었으나 러일전쟁으로 연기되었다가 1907년에 개최되었다. 1899년 1차 만국평화회의에 참여한 44국은 지상 전쟁에 관한 법과 관습을 존중하는 협약(Convention respecting the Laws and Customs of War on Land) 등을 마련하였다. 이 협약은 1907년에 열린 제2차 세계평화회의에서 개정되었는데, 이 협약에서 전투원과 비전투원이 누구인가에 관한 규정과 포로와 부상병을 대하는 규범, 그리고 항복과 휴전 등에 관한 규정 등이 제시되었다. 안중근이 일본군과 전투를 벌이다가 잡은 포로들을 그의 표현으로 "만국공법"에 따라 풀어준 예나 법정에서 자기를 "만국공법"에 따라 포로로 다루어져야 한다고 진술한 예는 그가 이 두 회의의 결과들을 인식하고 있었다는 것을 말한다. 「안응칠역사」, 70~76쪽과 신운용 편역, 안중근의사기념사업회, 『안중근·우덕순·조도선·유동하 공판기록-안중근사건 공판속기록』(채륜, 2010), 221쪽을 보라. 그리고 이것은 그가 이 두 "세계평화회의"의 존재 이유와 의의를 인식했다는 것을 뜻한다. 실제로 그는 이 회의의 순기능과 말뿐인 면모를 동시에 알았다. 다음 진술 참조. "이른바 만국공법이라느니 엄정중립이라느니 하는 말들은 모두 근래 외교가의 교활한 무술(誣術)이니 족히 말할 바가 못된다", 「동양평화론」, 『안중근문집』, 570.

말하면서, 이것이 일본에 대한 세계의 신뢰를 높이고, 그 결과 일본에는 물론, 한국과 청국의 평화와 행복을 고취하게 되리라는 것이다. 우리는 여기서 안중근이 동양평화를 위해서 첫째, 뤼순 반환, 둘째, 한국, 청국, 일본의 뤼순 군항 공동 관리, 셋째, 한국, 청국, 일본의 대표들에 의한 동양평화회의 조직을 대안으로 구상했다는 사실을 확인하게 된다.

이를 위해서 안중근은 1항에서 말한 평화 대안을 2항과 4항에서는 경제적으로, 3항에서는 정치적으로 더욱 구체화한다. 그는 1항에서 뤼순을 한국, 청국, 일본의 공동 군항으로 만들 것을 제안했는데, 이를 위해서 일본이 뤼순항에 군함 5, 6척을 머물게 할 것을 제안한다. 이를 통해서 "뤼순을 돌려주기는 했지만" 일본이 "일본을 지키는 데" 소홀함이 없게 할 필요가 있다는 것을 확인한다. 이것은 평화는 단순한 의식이나 말뿐 아니라 정신적, 물리적 준비로 지켜지는 것임을 그가 잘 알았다는 뜻이다. 우리는 그가 이렇게 말하는 이유를 "일본을 노리는 열강에 대응하기 위해서는 무장을 하지 않을 수 없다"는 진술에서 즉시 확인할 수 있다. "일본을 노리는 열강"이 있다는 것은 당대 동아시아에서 실제로 나타났던 것처럼 한국과 청국을 노리는 강대 세력도 있다는 뜻이다. 바로 이런 이유로 그는 러시아를 비롯한 서구 강대 세력의 동양 침략에 대응하기 위해서 "한국, 청국, 일본 3국에서 각각 대표를 파견하여" 이 문제를 다룰 것을 제안한다. 이것이 1항에서 말한 동양 민중의 행복과 성숙을 지켜줄 "평화회의"다.

안중근은 이 평화회의의 의지를 실현할 평화 군대가 필요한 것을 내다보면서, 구체적으로 "세 나라의 청년들로 군단을 편성"할 것을 제안한다. 하느님과 이어져 있음을 외면하거나 제한한 채 그분과 이어져 있음을 무력으로 파괴하는 침략 세력들 앞에서 입으로 평화를 지키기가 얼마나 어려운 일인지 그는 이미 일본 지배 세력과 관계에서 체험한 상태였다. 하지만 그는 약육강식의 침략 방식이 아니라 하느님과 이어져 있음과 이를 통해서 온 존재가 형성하는 공동성을 지켜가는 참으로 평화를 위한 연대를 선택하는데, 이런 의지가 청년 군단을 3국 청년들의 우애 위에 세우는 것으로 나타난다. 그는 구체적으로 이 세 나라 청년 군인들에게 "2개국 이상의 어학을 배우게 해 우방 또는 형제의 관념이 높아지도록 지도"할 것을 제안했다.

여기에서 우리는 무엇보다도 먼저 1항에서 제안한 뤼순 반환 보완책으로 일본 군함을 뤼순항에 주둔시키는 것을 볼 수 있다. 또한 1항에서 말한 뤼순항 공동 관리를 위한 3국의 공동평화군대를 조직할 것을 제안한 것을 확인할 수 있다. 이와 함께 서구 강대 세력의 침략에 대비한다는 "평화회의"의 역할을 읽어낼 수 있다. 이와 더불어 그가 평화군대를 이룰 청년 군단과 관련한 평화 비전을 볼 수 있는데, 이 군대는 청년들의 상호 소통과 우애를 기반으로 한 동아시아의 평화를 위한 형제적 연대의 결실이어야 한다. 우리는 여기서 그가 동양평화를 실현하는 데 필요하다고 본 네 번째 대안을 볼 수 있다.

안중근은 이런 정치적 결단과 함께 경제적 연대 비전을 제시하는데, 이 경제적 기반이 1항과 3항에서 말한 정치적 대안을 실질화 하는 데 필요하다는 것을 알았다. 경제는 원래 "집안(oikos)살림의 규범(nomos)", "집안 살림의 법", 곧 "집안 살림(householding)"을 뜻한다. 경제를 뜻하는 영어 'economy'의 어간 eco의 어원이 그리스어로 oikos인데, 이 말은 "집", "거처"를 뜻하고, 'nomy=nomos'는 "법", "규범"을 뜻한다. 이것은 경제가 근원적으로 살리는 일로서 사랑의 행위라는 것을 의미한다. 안중근이 여기서 말하는 경제 대안은 참으로 경제의 본래 의미와 상통한다. 이것은 위에서 본 정치도, 여기서 보는 경제도 하느님의 집안 살림 안에 자리 잡았다는 점에서 참으로 자연스럽고 당연한 일이다.

안중근이 1항에서 말하는 "평화회의"가 군사적 성격을 띠고, 2항에서 말하는 "동양평화회의"는 진술의 흐름상 일정하게 경제적 성격을 띤다. 그런데 이 기구를 세울 곳이 뤼순이라고 한 것으로 볼 때, 안중근이 말하는 "동양평화회의"는 한국, 청국, 일본 세 나라의 대표들이 동양의 평화를 주체적으로 견인할 총체적 기구인 것으로 보인다. 이런 판단에 따라서 앞에서 1항의 평화회의와 2항의 동양평화회의를 같은 조직으로 언급한 것이다. 안중근은 1항에서 이 동아시아의 정치적 독립과 평화 연대를 위해서 "동양평화회의"를 조직할 필요를 말했는데, 2항에서는 동아시아의 평화를 유지하는 데 필요한 재정을 위해서도 이 기구가 수행할 역할이 있다고 보는 것이다. 여기에서 "동양평화회의"가 단순히 상징적 기구가 아니라 동아시아의 평화를 구현하는 데 필요한 실질적인 정치적 경제적 조직으로 구상되었다는 점을 알 수 있다.

안중근은 동양평화회의의 주체와 운영 방식도 2항에서 제시한다. 그는 동양평화회의를 조직하고 이 조직의 생명력을 위해서 시민의 자발적 참여를 고취하며 "중요한 곳에 평화회의 지부"를 설립할 것을 제안한다. 그런 가운데 그는 한국, 청국, 일본에서 회원이 된 사람에게 회비로 1원씩 모금해 기본 자금을 마련하고, 이 조직의 지속 가능성을 위해서 공동은행을 설립하고 "은행의 지점도 병설"할 것을 제안한다.

안중근은 이와 함께 주체가 누구인지는 언급하지 않은 채 3국 공용 화폐를 발행할 것을 제안한다. 이것은 은행을 설립하는 것과는 다른 차원의 3개국 시민들의 정치적 소통, 수렴, 결단을 통한 이를테면 "경제적 통일"을 전제하는 대안이다. 3개 국가 시민들이 공동 화폐를 갖는다는 것은 3개국 시민들이 화폐라고 하는 공동의 가치를 기준으로 자신들의 노동과 밥 모심을 공유할 길을 열어 간다는 것을 의미한다. 이런 점에서 3국 공용 화폐 발행은 이윤을 목표로 삼을 수 있는 은행 설립과는 성격과 차원이 다르다. 안중근은 은행 설립과 공동 화폐 발행을 통해서 3국 시민 사이의 신용 고취와 재정 안정화를 도모하고자 했다.

우리는 여기서 안중근이 동양평화를 이루는 데 필요한 재정을 주목하면서 3국 시민 사이의 신용 고취를 위해서 구체적으로 다섯째 공동은행을 설립하고 여섯째 공동화폐를 발행하는 것을 대안으로 설정했음을 보게 된다. 공동은행 설립과 공동화폐 발행은 경제 영역과 연계되지만, 일의 성격상 이 둘은 분리해서 접근하는 것이 필요하다고 보아서, 이전 연구 때와는 달리 이를 각각 다섯 번째와 여섯 번째 대안으로 구분했다.

안중근은 동아시아 지역에서 평화를 이루는 데는 이런 정치적 경제적 연대는 물론, 이러한 연대를 생산을 통해서 뒷받침할 실질적 역량이 요청된다는 점을 알았다. 그는 1905년에 상해에서 르 각 신부를 만난 이후 기회가 있을 때마다, 그가 말한 "교육 발달", "사회(단체들)의 확장", "민심 단합" 그리고 "실력 양성"을 자기 식으로 변형하면서 이 일들의 중요성을 강조하였다. 여

기서 그가 말하는 "실력 양성" 또는 "실력 배양"은 "실업 진흥"을 뜻한다.[88]

그는 이런 맥락에서 동아시아 3국의 상공업 연대를 동양평화를 위한 대안으로 제시했을 것이다. 그런데 여기서 주목되는 것은 그가 일본이 선도적으로 상공업을 발달시켰다는 사실을 그대로 인정하고, 이 영역에서 일본을 지도국으로 진술했다는 점이다. 그는 히라이시 고등법원장과 면담하면서 위의 대안을 제안하기 전에 일본의 폭력과 이에 대한 책임을 진술하면서 이미 "일본의 동양에서 위치를 인체에 비유하면 머리라고 할 수 있다"고 일본의 선도성을 명시적으로 인정한 적이 있다. 그는 "한국과 청 두 나라는 일본의 지도 아래 상공업의 발전을 도모"할 것을 권고하는데, 이렇게 될 때 "인도, 태국, 베트남 등 아시아 각국이 스스로 이 회의에 가맹"하게 될 것이고, 그렇게 함으로써 "일본은 싸움 없이도 동양의 주인공이 되"리라고 진술한다. 이를테면 안중근은 동양평화를 위한 실질적 대안으로 일본의 지도력 아래 동아시아를 기점으로 아시아 단위에서 상공업을 공동 육성할 것을 제안했다. 이것을 동양평화를 위한 그의 일곱 번째 대안으로 볼 수 있다.

---

88   1910년 3월 25일 《대한매일신보》에 실린 안중근의 유언(『한국독립운동사 자료』 7, 543쪽)과 박은식이 쓴 안중근전에 소개된 안중근이 동포들에게 남긴 말(박은식, 윤병석 역편, 『안중근』(안중근전기전집)(국가보훈처, 1999), 309쪽) 참조.

마지막으로 안중근은 일본이 동아시아에서 정치적 결단과 경제적 연대를 통해서 지도력을 발휘하면서 한국, 청국, 일본의 황제들이 로마 교황과 만나서 평화의 연대를 세계 앞에서 선언하는 방식으로 교황에게 황제의 관을 받을 것을 제안한다. 안중근은 3국 황제들의 공동 대관을 통해서 문화, 종교, 정치를 통합한 평화 정치를 위한 공동 서약을 제안한다. 그는 세계 종교인 가운데 3분의 2가 가톨릭교회 신도라고 말하면서, 일본의 황제가 다른 두 나라의 황제들과 함께 이렇게 할 때, 일본이 세계 다수 민중에게서 신뢰를 받게 되리라고 진술한다. 우리는 여기서 안중근이 구상했던 동양평화 비전의 여덟 번째 안을 볼 수 있다.

안중근은 이렇게 여덟 가지 대안을 구체적으로 제시한 뒤에, 이런 점에서 앞에서 "8공동책"으로 명명한 것인데, 일본 정부가 동양의 머리 구실을 제대로 하지 못한 채 "종래에 외국에서 써오던 수법을 흉내 내"어 "약한 나라를 병탄하는 수법"을 따르는 것에 대해 탄식하면서 이렇게 진술한다. "러일전쟁 당시에는 일출로소(日出露消)라고 하여 일본은 나서고 러시아는 사라진다는 말이 있었듯이 일본의 전성시대였다. 그러나 오늘에 와서는 일본이 일냉일이(日冷日異) 즉 날로 차가워지고 날로 달라지고 있다. 이것은 일본이 쇠망의 길을 걷고 있음을 말하는 것이다. 일본은 조심스럽게 주의를 기울이는 정책을 쓰지 않으면 회복할 수 없는 어려움에 빠지게 될 것이므로 이 점에 대해 일본 당국의 반성을 촉구하는 바이다."[89] 안중근은 이미 앞에서 나라와 나라 사이의 관계를 신중하게 성찰하고 형성할 사명과 연관지어 일본의 머리 역할을 강조하였다. 그런 가운데 그는 이토 세력의 낡은 지배 정책을 바로잡아 나가지 않으면, "동양평화를 문란케 하고 파괴한 책임"을 한국민에게서는 물론, 러시아와 청국과 미국 등에게서 질문받게 되리라고 선언한 적이 있었다.

다음 진술은 그의 이 같은 인식을 선명하게 드러낸다. "이토의 정책이 좋지 않았으므로 한국에는 폭도가 일어나고 인민의 거주도 불완전하게 되어 식민 정책의 실적이 조금도 오르지 않았다. 중국까지도 감정을 해쳐 중국은 현재 청일전쟁의 원수를 갚으려는 기대를 모두 했음은 내가 중국을 순회해 분명히 아는 일이다. 또 미국에도 무수히 노동자를 건너보냈기 때문에 미국으로부터도 일본은 배척당하고, 러시아도 일본을 결코 호의적으로 생각하고 있지 않다. …… 즉 미국·중국·러시아가 연합하여 일본으로 향한다면 일본은 이에 대항할 수 없을 것이다."[90]

---

89 「청취서」, 559~560쪽.

90 「미조부치의 안응칠 제6회 신문조서」, 『안중근 신문기록』, 106~107쪽; 「청취서」, 54쪽. 통역을 맡았던 소노키는 안중근의 이 같은 동양평화 구상을 듣고 "대단한 계획이라고 안 할 수 있는가"라며 소감을 피력한다. "옥중의 혼잣말-평화회의와 은행문제." 《만주일일신문》, 1910년 3월 21일자.

안중근의 이런 전망은 우리가 아는 것처럼 역사 속에서 실재가 되었다. 이런 안중근의 예언을 무시하고 침략 정책을 지속한 일본은 제2차 세계대전에서 영국과 프랑스 등 세계연합국가들, 차이나, 러시아, 미국, 그리고 이들의 대열에 합류한 한국 독립군 등의 연대에 직면해 1945년 8월 15일 항복을 선언하고 만다.

4.3. 안중근의 묵필에 담긴 동양평화 비전

4.3.1. 안중근의 묵필에 대한 존재 중심 이해

안중근은 취미나 서예 자체에 대한 관심이나 미적 감수성 차원에서 감옥에서 붓글씨를 쓴 것이 아니다. 그가 사형 판결을 받은 뒤 써서 현재 전해지는 묵필들은 그의 존재 자체다. 그것들은 어떤 의미에서 그가 미처 다 못 쓴「동양평화론」을 자신의 영을 다 하여 연지와 먹과 붓을 통해서 종이에 담아놓은 것이라 할 수 있다. 이런 의미에서 그가 남긴 묵필의 글씨체는 '안중근체' 또는 '도마(多黙)체'로 명명할 수 있다.[91] 나는 이런 맥락에서 이것을

---

91 김호일은 안중근의 묵필을 주목하면서 그의 필체를 '해주체' 혹은 '중근체'로 명명

"묵필「동양평화론」"으로 이름붙일 수 있다고 생각한다.[92]

한 존재가 죽음을 앞두고 글씨를 쓴다는 것이 무엇을 의미하는가? 무위당 장일순은 박정희 쿠데타 이후 1961년에 사상범으로 체포되어 옥살이를 하다가 1963년에 풀려난 적이 있었다. 그는 감옥에서 나와서 흐트러진 마음을 다잡기 위해 그의 표현을 빌리자면 어려서 배웠다가 잊고 살았던 "먹장난"을 다시 시작하였다.[93] 그에게서 붓글씨는 존재의 중심을 잡는 일종의 수행 같았다.

그가 하루는 술에 취해서 김영주와 길을 걷다가 고구마 장사 리어카 앞에서 멈추어서 말 없이 서 있었다. 김영주가 "군고구

한다. 대구가톨릭대학교 안중근연구소 편, 『도마 안중근』(도서출판 선인, 2017), 117~119쪽.

[92] "묵필 동양평화론"이라는 개념을 사용하기 전에 "유묵형 동양평화론"으로 명명했었다. 이 연구를 마치고 대구가톨릭대학교 최원오 교수와 담화를 나누는 중에 "묵필"로 남긴 동양평화론이라는 의미를 살리는 것이 바람직하겠다는 조언에 따라 이 표현을 얻게 되었다. 최교수에게 감사드린다. 나는 2013년에 『안중근 토마스』를 출판하면서 안중근의 필묵을 존재 중심으로 해석하고자 했다. 안중근 토마스 2장 「함께 외치지 못한 동양평화」 가운데 「동양평화 저술기」에서 "염원" 부분 참조. 이번 묵필「동양평화론」은 이때 갖고 있던 묵필 이해를 발전시켰다고 할 수 있다. 최근에 안중근의 묵필을 소재로 그의 천명 인식과 살이에 관해서 연구한 백동수에게서도 안중근의 묵필을 존재 중심으로 이해하려는 시도를 볼 수 있다. 「안중근의 유묵을 통해서 본 그의 천명살이」(대구가톨릭대학교 신학부 석사학위 논문, 2018) 가운데 3장 1절 "안중근 유묵의 존재 차원" 참조.

[93] 『나락 한 알 속의 우주』(녹색평론사, 2001), 106쪽.

마 자시겠어요?"하고 묻자 장일순은 자기가 왜 멈추었는지 말해주었다. "저기 군고구마라고 쓰인 글을 보게. 초롱불에 비추게 쓰여진 저 글씨를 보게. 저 글씨를 보면 고구마가 머리에 떠오르고, 손에는 따신 고구마를 쥐고 싶어지고, 가슴에는 따뜻한 사람의 정감이 느껴지지 않나. 내가 장난친 글을 보고서도 무엇인가 연상되고 따뜻함이 가슴에 와닿아야 하는데 그렇지 못하거든. 결국 저 글씨는 어설프게 보이지만 저게 진짜고 내가 쓴 것은 죽어 있는 글씨야. 즉 가짜란 말이야. 그러니까 내 글씨는 장난친 것밖에 안 된다는 게야."[94]

존재가 담긴 글씨. 장일순은 그를 스승으로 따랐던 서예가 심상덕에게 "書必於生(서필어생)"이라는 글을 써주면서 삶이 담긴 글을 쓸 것을 당부했는데, 이것은 장일순의 바람이었다. 그는 참으로 존재를 담아서 글씨를 쓰고 싶었다.

안중근도 이처럼 자기의 온 존재를 담아서 글을 썼다. 그는 고구마 장사가 쓴 호롱불에 비추어진 글씨 "고구마"처럼 그렇게 자기의 존재로 글을 써서 하느님의 실재를 자신들의 실재에 가두려 했던 나라, 하느님께서 자기에게 주신 숨을 끊은 나라 일본

---

94 최성현, 『좁쌀한알』(도솔, 2007), 286~287쪽.

국 시민에게 그 글들을 주었다. 심지어는 사형을 선고해 죽게 하는 일에 협력한 재판장과 검찰관들에게도 아낌없이 아무 값없이 주었다. 200여 점을 써서, 그 찬 겨울 초봄 감옥에서.

안중근이 동양평화론을 쓰고자 한 것은 불의한 일본 지배 세력에 의해서 그의 삶이 가로막혔기 때문이었다. 일본은 안중근의 평화 비전을 받아들이지 않고 오히려 그를 제거해서 자신들의 폭력적인 지배 계획을 관철하려 했다. 이런 상황에서 그는 글로 자신의 평화 비전을 남기고자 하였다. 하지만 이 일은 그렇게 쉽지 않았다. 그는 빌렘 신부가 방문한 것을 동양평화론을 완성하지 못한 한 중요한 이유로 언급한 적이 있다.[95]

그러나 나는 그에게 죽음을 선고한 재판관과 검찰관 등을 포함해 많은 일본인들이 그에게 묵필을 청하였고 그 자신이 이들의 청에 응하여 묵필을 써준 것 역시 빌렘 신부가 방문한 것 못지않게 그가 동양평화론을 완성하지 못한 한 중요한 이유라 생각한다.

그에게 사형이 선고된 2월 14일부터 사형이 집행된 3월 26일까지는 정확하게 40일이 남았다. 그런데 이 기간에 가로로 쓰인 일부 묵필들 이외에 일반적으로 가로 30여 센티미터 세로 약 150센티미터 되는 큰 규모의 종이와 비단에 200여 점의 묵필을

---

95 《만주일일신문》 1910년 3월 17일.

남겼다. 그는 매일 5점 정도를 쓴 셈이다. 그것도 겨울과 초봄 찬 계절에 뤼순 감옥에서.

이 일이 얼마나 어려운 일이었는가를 안중근 자신이 이렇게 밝히고 있다. "그때 법원과 감옥소의 일반관리들이, 내 손으로 쓴 글로써 필적을 기념하고자 비단과 종이 수백장을 사 넣고 청구하므로, 나는 부득이 자기의 필법이 능하지 못하고, 또 남의 웃음거리가 될 것도 생각지 못하고서, 매일 몇 시간씩 글씨를 썼다."[96]

죽음을 앞둔 사람이 생의 마지막 순간에 삶을 정리하면서 자서전을 마무리하고 「동양평화론」을 쓰고 동생들의 면회를 받고 사람들을 만나고 특히 빌렘 신부를 만나서 고해성사를 보기 위해 성찰지를 준비하고 마지막 편지들을 쓰기도 하였다. "기초 중인 「동양평화론」도 서론만 쓰고서 성경을 읽고 기도를 올"릴 만큼 그에게서 기도는 중요한 존재 행위였다.[97] 이런 상황에서 이 짧은 기간에 그렇게 많은 묵필을 남기기란 결코 쉽지 않은 일이었을 것이다.

더군다나 그는 묵필을 청하는 일본인들에게, 그에게 묵필을 써 달라고 청했던 사람들은 모두 일본인이었다고 알려져 있다,

---

96 「안응칠역사」, 115쪽.

97 「옥중의 안중근」,《만주일일신문》1910년 3월 26일자.

그들이 원하는 내용을 그대로 써준 것이 아니었다. 그는 하느님의 사람으로서 사는 데 필요한, 그의 관점에서는 독립과 동양평화를 이루는 데 필요한 삶의 기본 태도를, 혹은 독립 투쟁 과정에서 했던 체험이나 독립과 연관된 핵심 비전을, 혹은 동양평화와 연관된 자신의 관점이나 일본의 역할 등을 필묵을 청하는 사람을 고려하면서 써주었다.

그런데 전혀 예상하지 못했던 결과가 나타나게 되었다. 안중근이 옥에서 남긴 묵필에는 참으로 놀라우리만치 일관된 형태로, 그가 자서전 「안응칠역사」와 「동양평화론」 등에서 피력한 삶에 대한 그의 기본 태도와 조국의 독립과 동아시아 국가 관계에 대한 인식이 표현되어 있다.

묵필에서는 상대적으로 더욱 간결하면서도 직접적으로 그리고 더욱 강렬한 형태로 자신이 목숨을 걸고 지키고자 했던 동아시아의 평화, 동양의 평화, 세계의 평화에 대한 그의 비전과 이와 관련한 자신의 감정이 표현되었다. 그가 쓰고자 하였던 동양평화론 비전이 그의 묵필들에 배어들어간 것이다.

실제로 자신의 삶과 죽음을 나라의 독립과 동양평화를 위한 헌신으로 이해하는 그가 사형 선고를 받고 죽음을 앞둔 마지막 40일 동안 감옥에서[98] 자기를 죽인 일본국 사람들에게 묵필을

---

98 안중근은 3차 공판 때 비공개로 공판을 진행되게 만든 적이 있는데, 이때 마나베

써주었다는 이 사실을 고려하지 않으면, 그의 묵필에 담긴 내용을 제대로 이해하기 어렵다.

나는 그의 묵필을 다시 성찰하면서 묵필로 남긴 내용 가운데 나라의 운명이나 동양평화를 직접 다룬 것들만이 아니라 그가 쓴 묵필 전체가 그의 동양평화론과 연결되어 있다는 것을 깨닫게 되었다. 구체적으로 예를 들면, 그는 교육과 관련해서 여러 묵필을 남겼다. '一日不讀書口中生荊棘, 博學於文約之以禮. 黃金百萬而不如一敎子, 敏而好學不恥下問'과 같은 것들이 그것이다. 이 말들은 "하루라도 책을 읽지 않으면 입에 가시가 돋는다", "학문을 넓게 익히고 익힌 것을 예로 지켜 간다", "황금 만냥이 한 자녀 교육시키는 것만 못하다", "배우는 것을 좋아하고 아랫사람에게 묻는 것을 부끄러워하지 않는다"는 것을 뜻한다. 안중근이 이런 말들을 묵필로 남긴 것은 단순히 살면서 도움이 되게 하기 위해서가 아니다. 그가 학교를 운영해 보았기 때문에 후세대들에게 교훈이 될 말이라고 생각해서 남긴 것도 아니다. 그는 안병찬 변호사에게 동포들에게 전해 달라면서 이렇게 유언하였다.

재판장이 정치적 문제는 서면으로 제출하면 어떻겠는가 하고 물었다. 그러자 그는 이렇게 답한다. "나는 문장을 쓸 수 없다. 또 옥중에서 이 추운 날씨에 쓸 기분도 전혀 들지 않는다."『안중근·우덕순·조도선·유동하 공판기록-공판시말서』, 96쪽.

"나는 과격한 수단을 쓴 사람에 불과하니 칭송받을 만한 사람이 못 됩니다. 오직 교육을 진흥하고 실력을 배양하며 여러 사람들의 뜻을 단합하여 독립을 회복하는 기초로 하여야 합니다. 우리 동포들은 이 죽는 자의 말을 소홀히 하지 말고 더욱 면려를 가할 것을 구구히 바랍니다."[99]

죽음을 앞두고 동포들에게 남긴 유언으로 교육과 역량 증진을 호소한 안중근의 이 존재의 외침을 대조의 틀로 설정하지 않고서는 위의 묵필들은 교육에 관한 일반적 교훈으로 읽히게 될 것이다. 그러나 안중근이 말한 위의 진술들은 덕담이나 훈계, 혹은 교육과 관련된 일반적인 교훈이 아니라 그의 존재를 다해 쏟아낸 호소와 같은 것이다. 이것은 자기의 존재를 다하여 투신하였던 독립과 동양평화를 위해서 반드시 갖추어야 할 필수 조건에 다름 아니다.

실제로 그는 이런 태도가 독립과 동양평화를 성취하는 데 반드시 요청되는 것이라는 것을 알고 있었다. 그는 프랑스 선교사들을 통해서는 물론 자신이 직접 차이나 여러 도시들과 만주와 연해주 지역을 다니면서 영국과 프랑스와 독일, 미국 등은 물론 일본이 강대한 나라가 된 데는 이들의 교육 시스템이 작용하고 있다는 것을 확인할 수 있었다. 그 자신이 일본의 선진 산업

---

[99] 박은식, 『안중근』(안중근전기전집), 309.

역량을 인정하면서 일본의 지도를 받아서 일본과 청국과 한국이 함께 동양평화를 위해 역할을 수행할 것을 요청할 만큼 교육이 갖는 의미를 깊게 인식하고 있었다. 이것은 안중근이 교육과 관련해서 남긴 묵필들이 철저하게 그의 독립과 동양평화를 위한 투신과 상관되어 있다는 것을 말하는 것이다. 이런 점에서 나는 그의 묵필 하나하나가 그의 존재를 묵삼고 그의 존재를 연지 삼고 그의 존재를 붓 삼아서 쓰여진 것으로 보는 것이다. 하지만 이번 연구에서는 그의 필묵 가운데 좀 더 직접적으로 조국의 독립과 동아시아 평화에 대한 그의 인식과 투신이 배어 있는 것들을 중심으로 살펴보고자 한다.

4.3.2. 안중근의 묵필

안중근의 묵필은 약 200여 점이 있는 것으로 알려져 있다. 이 중에서 현재 확인된 것은 58점인데, 보물로 지정된 26점과 보물로 지정되지 않은 32점이 있고,[100] 이외에도 검증이 필요한 것들

---

[100] 윤병석, 「안중근의사의 저술과 유묵-안중근전집 편찬을 위한 기초 작업」, 『안중근 연구의 기초』(경인문화사, 2009), 85~86쪽. 안중근 묵필에 관해서는 윤병석, 「안중근 의사의 저술과 유묵」, 『안중근 연구의 기초』, 77~93쪽과 윤병석 편, 『안중근문집』, 630~662쪽 참조.

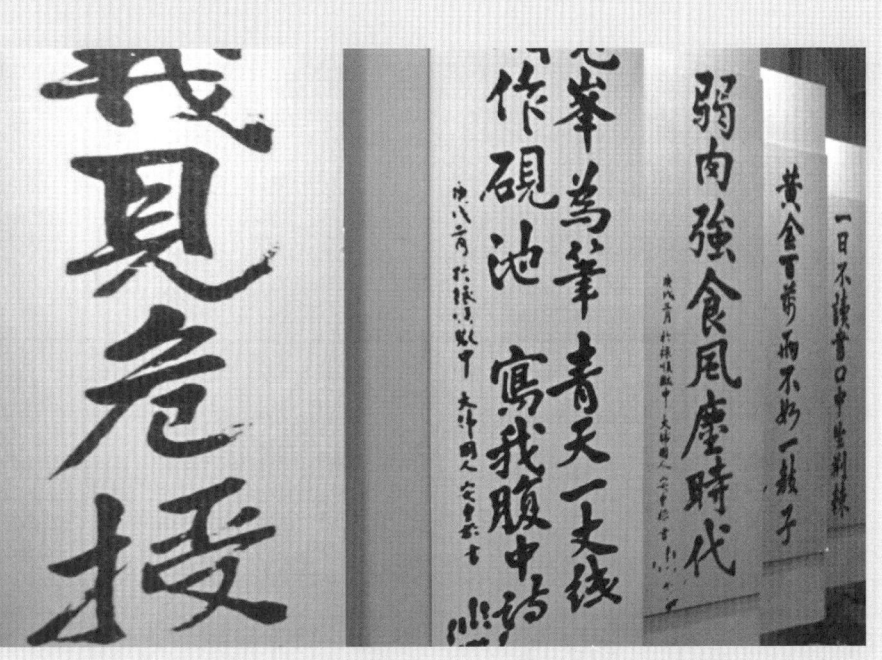

하얼빈 역 안중근 의사 기념관에 전시 중인 유묵

이 전해진다. 보물로 지정되지 않은 묵필 가운데는 실물로 확인된 것은 20점, 확인하지 못하고 사진으로만 확인한 것이 12점이다.

무위당 장일순에게서 볼 수 있는 것처럼 서예를 하는 사람들은 일반적으로 청을 받아서 글을 쓸 때 청자의 이름을 밝히고 그에게 준다는 말을 남긴다. 하지만 현재 남아 있는 안중근의 58점 묵필 가운데 받은 사람의 이름이 전해진 것은 야스오카 검찰관, 사카이 경시, 미조부치 검찰관, 소노키 통역(2점), 그리고 기요타 등 모두 5명에게 준 6점뿐이다. 받는 사람들은 어떤 의도에서 그에게 글을 받았는지 알 수 없다. 그런데 안중근은 이 생의 마지막 때에 글을 쓰면서 받는 사람들이 일본인이라는 것을 알고 써 주었는데, 그는 이 과정에서 대부분 자신이 쓰고 싶은 글들을 쓴 것으로 보인다.

안중근의 묵필 약 200여 점 가운데 전해지는 묵필 58점이 있다고 했는데, 1972년 8월 16일에 보물 569호로 지정된 묵필 20점을 번호순으로 제시하면 다음과 같다.

1. 百忍堂中有泰和(백인당중유태화).

2. 一日不讀書口中生荊棘(일일부독서구중생형극).

3. 年年歲歲花相似 歲歲年年人不同(년년세세화상사 세세년년인부동).

4. 恥惡衣惡食者不足與議(치악의악식자부족여의).

5. 東洋大勢思杳玄 有志男兒豈安眠 和局未成猶慷慨 政略不改眞可憐

(동양대세사묘현 유지남아개안면 화국미성유강개 정략불개진가련).

6. 見利思義見危授命(견리사의견위수명).

7. 庸工難用連抱奇材(용공난용연포기재).

8. 人無遠慮難成大業(인무원려난성대업).

9. 五老峯爲筆 三湘作硯池 靑天一丈紙 寫我腹中詩(오로봉위필 삼상작연지 청천일장지 사아복중시).

10. 歲寒然後知松栢之不彫(세한연후지송백지부조).

11. 思君千里 望眼欲穿 以表寸誠 幸勿負情(사군천리 망안욕천 이표촌성 행물부정).

12. 丈夫雖死心如鐵義士臨危氣似雲(장부수사심여철의사림위기사운).

13. 博學於文約之以禮(박학어문약지이례).

14. 第一江山(제일강산).

15. 靑草塘(청초당).

16. 孤莫孤於自恃(고막고어자시).

17. 仁智堂(인지당).

18. 忍耐(인내).

19. 極樂(극락).

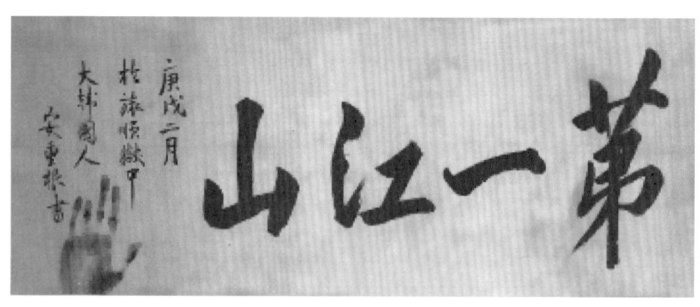

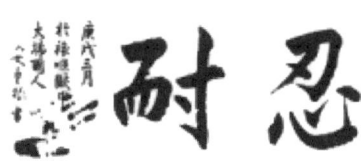

20. 雲齋(운재).

2000년 2월 15일에 다시 3점이 보물로 정해졌는데, 그것은 다음과 같다.

21. 欲保東洋先改政略時過失機追悔何及(욕보동양선개정략시과실기추회하급).
22. 國家安危勞心焦思(국가안위노심초사).
23. 爲國獻身軍人本分(위국헌신군인본분).

이외에도 1999년 12월 15일과 2003년 4월 14일, 그리고 2007년 10월 24일에 보물로 정해진 묵필 3점을 연도순으로 제시하면 다음과 같다.

24. 天與不受反受其殃耳(천여불수반수기앙이).
25. 言忠信行篤敬蠻邦可行(언충신행독경만방가행).
26. 臨敵先進爲將義務(임적선진위장의무).

안중근의 묵필 가운데 실물이 확인된 묵필로는 다음과 같은 것들이 있다.

27. 志士仁人殺身成仁(지사인인살신성인).[101]
28. 戒愼乎其所不睹(계신호기소부도)
29. 天堂之福永遠之樂(천당지복영원지락).
30. 釖山刀水慘雲難息(일산도수참운난식).

---

[101] 이 묵필은 일본인 고마쓰 료(小松亮)가 2016년에 안중근숭모회에 기증하였다. 그는 1910년 2월에 안중근이 재판을 받을 때 공판 장면을 삽화로 그려서 《만주일일신문(滿洲日日新聞)》에 보도한 고마쓰 모토코(小松元吾)의 종손이다. 그는 "가보와도 같은 유묵이 일본 극우화와 자연재해로 손실될 것을 걱정해"오다가 "안중근 의사의 고귀한 정신과 평화사상을 기려 무상 기증하기로 결정"하고 이것을 안중근숭모회에 전달했다.(http://news.chosun.com/site/data/html_dir/2016/12/29/2016122900215.html)

31. 喫蔬飮水樂在其中(끽소음수락재기중).

32. 貧而無諂富而無驕(빈이무첨부이무교).

33. 白日莫虛渡靑春不再來(백일막허도청춘부재래).

34. 黃金百萬而不如一敎子(황금백만이불여일교자).

35. 日出露消兮 正合運理 日盈必昃兮 不覺其兆(일출로소혜 정합운리 일영필측혜 부각기조).

36. 山不高而秀麗 水不深而澄淸 地不廣而平坦 林不大而茂盛
    (산불고이수려 수불심이징청 지불광이평탄 임부대이무성).

37. 日通淸話公(일통청화공).

38. 敬天(경천).

39. 百世淸風(백세청풍).

40. 貧與賤人之所惡者也(빈여천인지소오자야).

41. 不仁者不可以久處約(불인자불가이구처약).

42. 敏而好學不恥下問(민이호학불치하문).

43. 澹泊明志寧靜致遠(담박명지령정치원).

44. 獨立(독립).

45. 謀事在人成事在天(모사재인성사재천).

46. 人無遠慮必有近憂(인무원려필유근우).

사진 본으로 전해지는 묵필은 12점이 있는데, 이를 소개하면 다음과 같다.

47. 弱肉强食風塵時代(약육강식풍진시대).

48. 言語無非菩薩 手段擧皆虎狼(언어무비보살 수단거개호랑).

49. 年年點檢人間事 惟有東風不世情(년년점검인간사 유유동풍불세정).

50. 臥病人事絶 嗟君萬里行 河橋不相送 江樹遠含情(와병인사절 차군만리행 하교부상송 강수원함정).

51. 人類社會代表重任(인류사회대표중임).

52. 日韓交誼善作紹介(일한교의선작소개).

53. 通情明白光照世界(통정명백광조세계).

54. 自愛室(자애실).

55. 一勤天下無難事(일근천하무난사).

56. 臨水羨魚不如退結綱(임수선어불여퇴결강).

57. 長歎一聲 先弔日本(장탄일성 선조일본).

58. 凱旋(개선).

끝으로 안중근이 썼는지 검증이 필요한 묵필이 있다.

國破山河在(국파산하재)〔박무충 김파편, 충혼 안중근(백암)에 소개된 사진
洗心臺(2017.12.12. 옥션)

天地作父母 日月爲明燭(천지작부모 일월위명촉).

天地翻覆義士慨嘆 大廈將傾一木支難(천지번복의사개탄 대하장경일목지난).

人心惟危 道心惟微(인심유위 도심유미).

登高自卑行遠自邇(등고자비행원자이).

(2010년 안중근 의거 100주년 기념 묵필전시회에서 소개되었으나, 안중근이 쓴 것으로 보이지 않는다).

윤병석은 "天地作父母 日月爲明燭"을 안중근의 시구라면서 소개한 적이 있는데,[102] 앞에서 언급한 것처럼 안중근이 감옥에서 쓴 묵필이 200점 가량 되는 것으로 추정되므로, 이것을 포함해서 앞으로도 그의 묵필이 더 발굴될 가능성이 있다고 본다.[103]

4.3.3. 안중근 묵필에 나타난 동양평화관

안중근이 품었던, 그리고 그가 자신의 존재로 증거한 동양평

---

102 『안중근문집』, 602쪽.

103 윤병석, 「안중근 의사의 저술과 유묵」, 『안중근 연구의 기초』, 77~93쪽과 윤병석 편, 『안중근문집』, 630~662쪽 참조.

화 인식은 한국의 독립을 포함해서 한국, 청국, 일본 세 나라의 독립을 전제한다. 이런 틀 위에서 그가 남긴 묵필 가운데 동양평화와 좀 더 밀접하게 관련된 것으로 보이는 묵필들을 주제에 따라 분류하면 다음과 같다.

㉮ 47. 弱肉强食風塵時代 / 30. 釼山刀水慘雲難息 / 14. 第一江山 國破山河在.

㉯ 22. 國家安危勞心焦思 / 12. 丈夫雖死心如鐵 義士臨危氣似雲 / 6. 見利思義見危授命 / 24. 天與不受反受其殃耳 / 45. 謀事在人成事在天 / 38. 敬天.

㉰ 26. 臨敵先進爲將義務 / 23. 爲國獻身軍人本分.

㉱ 7. 庸工難用連抱奇材 / 8. 人無遠慮難成大業 / 46. 人無遠慮必有近憂.

㉲ 3. 年年歲歲花相似 歲歲年年人不同 / 49. 年年點檢人間事 惟有東風不世情.

㉳ 10. 歲寒然後知松栢之不彫 / 50. 臥病人事絶 嗟君萬里行 河橋不相送 江樹遠含情 / 11. 思君千里 望眼欲穿 以表寸誠 幸勿負情.

㉴ 9. 五老峯爲筆 三湘作硯池 靑天一丈紙 寫我腹中詩.

㉵ 44. 獨立 / 48. 言語無非菩薩 手段擧皆虎狼 / 51. 人類社會代表重任 / 35. 日出露消兮 正合運理 日盈必昃 不覺其兆 / 5. 東洋大勢思杳玄 有志男兒豈安眠 和局未成猶慷慨 政略不改眞可憐 / 21. 欲保東洋先改政

略 時 過失機追悔何及 / 16. 孤莫孤於自恃 / 56. 臨水羨魚不如退結網 / 57. 長歎一聲 先弔日本.

㉔ 37. 日通淸話公 / 52. 日韓交誼善作紹介 / 53. 通情明白光照世界.

㉕ 39. 百世淸風 / 58. 凱旋.

동양평화 비전과 더 직접적으로 연결된 것으로 보이는 34점을 소개하였는데, ㉓에 소개한 것은 안중근이 직면한 시대를 그가 어떻게 인식했는지 드러내준다. 「동양평화론」 서론에서 언급한 것처럼 그는 당대를 "弱肉强食風塵時代", 곧 강한 존재가 약한 존재와 이미 하나로 이어져 있는 존재임을 깨달아서 함께 연대하며 사는 것이 아니라 희생시키고 지배를 확장하는 때로 보았다.

이런 상황에서 그는 나라와 동양의 평화를 위해 쉴 틈 없이 투신하였다(釼山刀水慘雲難息). 하지만 나라가 파산 상태로 치달았다는 사실을 보고, 무척 아파했다. 조국의 이 같은 위기에도 산하는 그대로 존재하는데, 그는 이것을 "國破山河在"라는 글로 담아놓았다. 그는 이 글을 통해 한편으로는 국가의 몰락에 직면해 탄식을 발하면서도 제일강산(第一江山), 산천이 지속하듯이 민심의 단합, 교육 발달, 실력 양성을 통해 산하와 함께 하느님의 살림에 참여할 것을 그리는 것처럼 보인다.

㈎에 소개한 묵필을 통해 안중근은 자신의 사명 의식을 보여준다. 앞에서 보았듯이 안중근은 자신이 하느님과 이어져 있는 것처럼 다른 존재들도, 일본인들 역시도 하느님과 이어져 있으므로 하느님의 한 가족을 구성한다고 인식했다. 그의 사명 의식은 인간과 사회 관계에서 비롯되어 이 관계들을 지향하는 데 그치지 않고 하늘에까지 이어져 있다.

이런 맥락에서 그가 말하는 경천(敬天)은 동아시아에서 형성된 천에 대한 이해를 포용하면서 마테오 리치 이래 동아시아 가톨릭 신앙 전통을 통해 전달받은 하느님에 대한 이해를 포괄한 형태로 이해해야 한다. 이런 토대 위에서 그는 하늘에 대한 순명(敬天, 天與不受反受其殃耳)에 따라 헌신할 것을 선택해 투신하는 과정에서(謀事在人成事在天) 나라의 상황을 보고 그 상황을 개선하기 위해 헌신하면서(見利思義見危授命) 애타는 마음을 표현한다(國家安危勞心焦思, 丈夫雖死心如鐵 義士臨危氣似雲).

㈐는 그가 무장 투쟁에 참여해 투신하는 마음가짐을 보여주는데, 군인이 나라를 위해 헌신하는 것은 본분이고(爲國獻身軍人本分), 적을 맞아 싸울 때는 앞장서서 부하들의 모범이 되어야 한다는 것이다(臨敵先進爲將義務).

그런데 이런 뜻으로 투신하면서 만나는 사람들에게서 그는

㈐에 소개한 글들에서 나타나는 것처럼 마음과 정신이 한결같지 않은 모습들을 체험한다(年年歲歲花相似 歲歲年年人不同, 年年點檢人間事 惟有東風不世情). 또한 당대 한국의 국민과 정치인들이 멀리 볼 줄 모르고(人無遠慮難成大業, 人無遠慮必有近憂) 인재를 쓸 줄 모르는(庸工難用連抱奇材) 세태에 직면해서 깊은 아픔을 겪었다. 그는 이 현실에 직면해 겪은 사회적 쓰라림을 담아서 ㈐에 소개한 위의 세 필묵을 남겨놓은 듯싶다.

㈑와 ㈒에 소개한 묵필들은 이토를 저격하고 감옥에 갇혀서 곧 죽음에 부쳐질 존재인 자기가 누구인지에 대한 의식을 담고 있다. 어려운 시기를 겪고 난 뒤에 비로소 존재의 상태가 제대로 드러나는 것처럼, 그는 자기가 한 일이 역사 속에서, 당시 일본의 법정에서는 가려졌으나, 역사의 법정과 하느님의 살림의 법정에서 확연히 드러날 때가 오리라는 확신을 갖고 있다(歲寒然後知松栢之不彫). 그럼에도 이 아픈 시기를 겪으면서 그가 품은 정을 알아보는 존재들이 있기를 바라면서(臥病人事絕 嗟君萬里行 河橋不相送 江樹遠含情/ 思君千里 望眼欲穿 以表寸誠 幸勿負情), 그는 자신이 감옥에서 수행하는 동양평화 비전 증거를 한 편의 시 쓰기로 담담하게 표현한다(五老峯爲筆 三湘作硯池 靑天一丈紙 寫我腹中詩). "연지(硯池)." 안중근에게 감옥은 그의 존재를 붓이자 먹 삼아서 평화 비전을 설득하는 글을 낳는 연지와도 같은 삶의 자리였다.

㉮에는 이런 시대 인식과 동시대인에 대한 인식과 자기 인식에 기초해서 그가 품었던 동양평화 비전을 일본과 관계에서 직접 표현한 묵필들이 소개된다. 여기에 제시된 내용은 그가 신문과 재판 과정에서 때로는 명시적으로 때로는 암시적으로 피력한 것들이다.

예를 들면, 그가 조국을 떠나 무장 투쟁에 합류한 것이나 이토 히로부미를 저격한 것은 조국의 "독립"을 위한 것이다. 그렇지만 이것은 한국, 차이나, 일본을 분리해 접근하는 "독립"이 아니다. 그는 동아시아 나라들이 이미 형제국들로서 하느님의 한 살림 안에서 동아시아 세계의 실재 안에서 서로 이어져 있다는 것을 명시적으로 인식하였다. 그는 세계의 실재에 충실한 태도를 지켜 가면서, 일본이 세계 관계 속에서 어떤 존재인가를 자기가 아는 대로 왜곡하지 않고 진술하고 일본의 가치를 인정한다. 실제로 안중근이 판단할 때, 일본은 당시 아시아의 어떤 나라보다 가장 문명화한 인류의 일류사회로서 커다란 사명을 부여받은 나라다(人類社會代表重任). 그런데 이런 일본이 지배 정략을 택한 세력에 의해서 말과 행동이 다른 모습을 보이면서(言語無非菩薩 手段擧皆虎狼) 약육강식의 어지러운 세계상을 조장했다(弱肉强食風塵時代)는 것이다.

안중근은 일본이 택한 침략 정책에 흔들리는 동아시아의 정세를 성찰하면서 잠 못 이루는 날들을 맞고 있고 평화의 길을 설득하지 못하는 처지에서 강개한 마음이 이는 것을 그대로 표현한다(東洋大勢思杳玄 有志男兒豈安眠 和局未成猶慷慨). 그는 일본 지배 세력이 침략 정책을 수정하지 않는 것을 참으로 가련하게 느낀다(政略不改眞可憐). 지배 정책을 지속하는 일본 지배자들은 해가 뜨면 이슬이 사라지고 해가 떠올라 아침이 오면 반드시 해가 지고 저녁이 찾아오는 자연의 이치에서 배울 줄 모르고 정도를 어그러뜨리는 존재들인 것이다(日出露消兮 正合運理 日盈必昃兮 不覺其兆). 일본은 물고기를 잡으려면 먼저 그물을 짜는 것처럼(臨水羨魚不如退結網) 동양평화를 지키려면 먼저 지배 정략을 내려놓고(欲保東洋先改政略), 앞서 8공동책에서 본 것처럼 동양평화회의와 같이 동양평화를 실질적으로 구현할 체제를 갖추고 정치적 경제적 문화적 상생의 길을 걷는 것이 필요하다고 보았다. 그러나 일본은 자기 교만에 빠져서 스스로 고립되었다(孤莫孤於自恃)는 것이다. 그는 일본이 이 기회를 놓치면 그만큼 후회와 탄식이 깊어질 것(時過失機追悔何及)임을 내다보고, 종국에는 일본이 죽음에 이를 날을 예견하면서 깊게 탄식한다(長歎一聲 先弔日本).

㉔에 소개된 묵필들은 현재 확인할 수 있는 안중근의 묵필 가운데 받은 사람이 기록된 6점 가운데 3점이다. 日通淸話公은 뤼순 감옥 간수장 기요타에게 써주었고, "日韓交誼善作紹介"와 "通情明白

光照世界"는 그가 신문과 재판을 받고 면담할 때 통역을 해준 소노키에게 써주었다. "日通淸話公"은 하루하루 늘 맑은 이야기를 나누는 선생이라는 뜻이다.[104] "日韓交誼善作紹介"은 일본과 한국의 우애를 선한 방향으로 이끌기 위해서는 서로 잘 알게 하는 것이 필요하다는 뜻이고, "通情明白光照世界"은 서로 정이 밝게 통하게 하여 세계를 밝게 한다는 의미가 있다.

안중근이 쓴 위의 세 묵필은 모두 언어를 매개로 서로 소통하는 아름답고 밝은 세계에 대한 그의 감사와 희망을 담고 있다. 이것들은 그가 히라이시와 면담하면서 밝혔던 "비상한" 동양평화 대안 가운데 하나로 한국, 청국, 일본의 평화군에 참여할 청년들에게 두 나라말 이상 배우게 해서 그들이 서로 통하게 할 것을 제안한 것과 같은, "우애의 영성"에서 태어났다. ㉮에 소개한 묵필들에서 그는 자기의 존재를 다 하여 일본 지배자들에게 동양평화를 호소하였다. 하지만 그 대가는 오히려 그의 죽음이었다. 이렇게 소통이 이루어지지 못하는 사회 실상을 깊게 체험하면서 그가 가슴에 품은 동양평화를 위한 초석 가운데 초석일 "통(通)"에 대한 열망이 이 글들에 담겼다고 생각한다.

하지만 시간의 화살, 역사의 화살은 일본 지배 세력이 획책하

---

104 http://www.yonhapnews.co.kr/bulletin/2017/05/31/0200000000AKR20170531171300005.HTML.

는 대로 흘러가지 않았다. 오히려 안중근이「동양평화론」과 히라이시와의 면담에서 내다본 것처럼 세계의 실재는, 이 세계의 실재가 아직 온전히 하느님의 실재와 조화를 이루는 것은 아니나, 일본 지배자들이 시도한 지배 정책이 불의한 것이었음을 확인해주었다.

안중근은 처형당하기 전에 자기의 변론을 맡아준 미즈노 변호사와 면회하면서 하느님의 나라에서는 말이 안 통해서 가로막히는 일 없이 서로 따뜻하게 이야기를 주고받을 수 있을 것이라고 말한 적이 있다.[105] 이것이 "일통청화"이고 "일한교의선작"이며 "통정명백광조세계"가 말하는 것이다. 육의 언어로는 갈려 있어도 영의 언어로 하나가 될 수 있는, 그리하여 하느님의 정의를 온전히 지켜 갈 수 있는 세계를 희망하며 이를 위하여 그는 자기의 존재를 내주었다.

차에 소개된 두 묵필 "百世淸風"과 "凱旋"은 안중근이 자기의 존재로 남긴 마지막 말과 같은 성격을 띤다고 보인다. 그는 일본 지배 세력이 자신의 숨은 끊을 수 있어도 하느님의 바람을 아주 막을 수는 없다는 것을 안다. 하느님의 바람이 결국은 지배 세력의 불의를 드러나게 하여 하느님의 숨을 쉴 그 날이 오리라는 희망을 담아 놓은 것이 "百世淸風"인 듯싶고, 그 평화의 바람, 맑은

---

105 『한국독립운동사 자료』 7, 542~543쪽.

바람이 불 새로운 시대에 대한 열망을 "凱旋"에 담아 놓은 듯이 보인다. 사형수 안중근 그가 이 두 묵필을 통해서 참 평화의 바람이 불어 생기로 가득할 시대를 그리며 그때 자기도 함께 개선할 것을 선언하고 있다.

하느님의 실재와 세계의 실재를 통합해서 살아가는 존재는 이 세계의 실재 가운데서 드러나는 폭력 앞에서 눈을 감지 않는다. 오히려 그것을 그것으로 볼 힘을 하느님의 실재로부터 제공받아서, 자기의 기억을 통해서 그 폭력의 실체를 역사에 남겨놓는다. 그 폭력이 아무리 크다고 해도 마찬가지다. 바로 이것이 그의 모든 증언, 특히 「안응칠역사」와 재판 증언들과 「동양평화론」과 묵필들에 담겨 있다. 안중근은 감옥에서 태평하게 코를 골면서 잠을 잘 잤다고 전해지는데,[106] 그가 이렇게 할 수 있었던 원천은 하느님의 실재와 세계의 실재 사이의 간극을 할 수 있는 한 있는 대로 바라보면서 종국에는 세계의 실재가 하느님의 실재에 포함된다는 신학적 진리를 내면화했던 데에 있었을 것이다.

하느님을 유명무실한 존재가 되게 만들어야 하는 존재들은 하느님의 실재와 이 세계의 실재를 구분하려 한다. 이들은 자신

---

[106] "안중근 씨는 영성이 높아 보통을 넘는 타이프로 음식을 먹는 것이나 뇌성같이 코를 골면서 자는 것이나 평상시와 다름없이 호탕한 데 모두 놀랐다": 『근세역사』(안중근전기전집), 437.

들의 불의가 통하게 하기 위해서 이 일을 해야 하고 또 실제로 그렇게 한다. 이것을 이루지 못하면, 불의한 정치 세력이 하느님의 실재에 의해 그리고 하느님의 실재를 식별하는 존재들에 의해 질문당하는 것을 차단할 수 없고 하느님의 실재를 자신들의 불의한 세계 실재에 종속시키기 어렵기 때문이다. 다시 말해서 하느님의 실재와 이 세계의 실재를 구분하는 일체의 시도들은 실제로는 하느님의 실재를 자신들의 세계 실재로 가리려는 목적이 있거나 적어도 그런 결과를 낳는다.

이상에서 본 것처럼, 안중근은 이런 신앙을 갖고 있지 않았다. 그는 오히려 천명 의식과 하느님의 정의로운 상선벌악론을 통해서 하느님의 실재와 세계의 실재를 하나로 통합하면서, 하느님의 실재가 이 세계 안에서 하느님이 보시니 좋다고 하실 수 있게 매개하는 것이 하느님의 자녀, 그리스도의 형제, 그리스도인들이 할 일이고 존재 이유라고 보았다. 이때 비로소 살아서는 태평을, 죽어서는 그의 표현을 빌리자면 천당지복을 통으로 선물 받게 되리라는 것이다.

가톨릭교회에서는 물론 일반인들 사이에서도 "선하게 살다가 맞은 죽음" 또는 "거룩한 죽음"을 표현하기 위해서 "선종(善

終)"이라는 말을 사용한다. 이 말은 "선생복종(善生福終)"의 준말인데, 이것은 이탈리아 예수회 선교사인 안드레아스 로벨리(Andreas Lobelli, 陸安德, 1610~1683)가 1652년에 베이징에서 상하 2권으로 출판한 『선생복종정로(善生福終正路)』라는 신심서에서 유래한다.[107] "善生福終"은 말 그대로 "선한 삶을 살고 복된 죽음을 맞는다"는 뜻이다.

이것은 야고보서가 말하는 "실천 믿음론"을 보여준다.[108] 야고보서는 여기서 "영이 없는 몸이 죽은 것이듯 실천이 없는 믿음은 죽은 것"이라고 말한다. 야고보서는 이 진술에서 영과 몸의 관계

---

107 『선생복종정노』(한국교회사연구자료 17집)(한국교회사연구소, 1986.7).

108 야고보서 2장 14-26절. "나의 형제 여러분, 누가 믿음이 있다고 말하면서 실천이 없으면 무슨 소용이 있겠습니까? 그러한 믿음이 그 사람을 구원할 수 있겠습니까? 어떤 형제나 자매가 헐벗고 그날 먹을 양식조차 없는데, 여러분 가운데 누가 그들의 몸에 필요한 것은 주지 않으면서, '평안히 가서 몸을 따뜻이 녹이고 배불리 먹으시오.' 하고 말한다면, 무슨 소용이 있겠습니까? 이와 마찬가지로 믿음에 실천이 없으면 그러한 믿음은 죽은 것입니다. 그러나 어떤 사람은 이렇게 말할 것입니다. '그대에게는 믿음이 있고 나에게는 실천이 있소.' 나에게 실천 없는 그대의 믿음을 보여 주십시오. 나는 실천으로 나의 믿음을 보여 주겠습니다. 그대는 하느님께서 한 분이심을 믿습니까? 그것은 잘하는 일입니다. 마귀도 그렇게 믿고 무서워 떱니다. 아, 어리석은 사람이여! 실천 없는 믿음은 쓸모가 없다는 사실을 알고 싶습니까? 우리 조상 아브라함이 자기 아들 이사악을 제단에 바칠 때에 실천으로 의롭게 된 것이 아닙니까? 그대도 보다시피, 믿음이 그의 실천과 함께 작용하였고, 실천으로 그의 믿음이 완전하게 된 것입니다. 그렇게 하여 '아브라함이 하느님을 믿으니, 하느님께서 그것을 의로움으로 인정해 주셨다.'는 성경 말씀이 이루어졌고, 그는 하느님의 벗이라고 불리게 되었습니다. 여러분도 보다시피, 사람은 믿음만으로 의롭게 되는 것이 아니라 실천으로 의롭게 됩니다. 마찬가지로 창녀 라합도 심부름꾼들을 맞아들이고 또 그들을 다른 길로 내보냈을 때에 실천으로 의롭게 된 것이 아닙니까? 영이 없는 몸이 죽은 것이듯 실천이 없는 믿음도 죽은 것입니다."

와 믿음과 실천의 관계에 대한 고정된 관념을 뒤집는다. 일반적으로 그리스도인들이 영을 믿음과 연결 짓고 몸을 실천과 연결 짓는 데 비해서 이 서간은 영을 실천과 이어놓고 몸을 믿음과 이어놓는다. 그리하여 실천을 믿음의 영과 같은 것으로 보고, 하느님의 실재에 직접 닿아 있는 것으로 이해하게 한다. 단적으로 그에 의하면 실천이 빠진 믿음은 영이 없는 몸, 영 빠진 믿음이라는 것이고, 실천이 동반되는 믿음은 영이 있는 몸, 영 있는 믿음이라는 것이다. 이 서간에 따르면, 실천 없는 믿음은 말뿐인 믿음, 십자가 없는 믿음이고, 실천 있는 믿음은 존재를 내주는 믿음, 십자가 있는 믿음으로서, 전자는 허한 믿음으로 후자는 실한 믿음으로 이해할 수 있다.

안중근은 자기의 실천으로, 자기의 숨으로, 자기의 존재로 값을 치르고 산 믿음을 증거했다. 그러므로 그의 믿음은 살이 있는 믿음, 산 믿음이다. 조국의 독립과 동아시아의 평화를 위한 그의 투신과 동양평화 비전은 살이 있는 산 믿음에서 비롯되었고, 그런 산 믿음을 지향하였다. 참으로 건강한 믿음 살이는 하느님이 당신의 실재를 육화시키는 과정에, 곧 그분의 실재를 우리의 세계 관계에 육화시키는 데 참여하는 투신으로 나타나고 또 이러한 투신을 낳는다. 그리하여 하느님이 이 세계를 보시면서 좋다고 말씀하실 수 있게 한다. 이 세계의 실재를 보시고 하느님이 좋다고 하시면, 우리가 참여하는 세계 실재는 선한 것이다. 하느님이 아파하시면 우리의 세계 질서는 죄스러운 데가 있는 것이다.[109]

안중근은 인간이 하느님과 자연을 통해서 받은 능력과 품격으로 도리어 하느님과 그분의 실재를 등지고 그분의 살림과 가치를 파괴하는 현실을 식별해 하느님의 실재의 육화를 가로막는 악과 죄의 실재에 맞섰다. 그는 그 대가로 만 30세 젊은 나이에 바로 그 불의한 지배 세력에게 목숨을 빼앗겼다. 그러면서도 그는 위에서 본 것처럼 대한 독립과 동양평화가 도래할 그날을 그리며 하느님의 실재에 대한 희망 속에서 그분께 받은 자기의 숨을 돌려드렸다.

그가 그 죽음의 자리에서 말한다. "百世淸風." 그리고 "凱旋." 하느님의 실재가 세계의 실재를 바로잡아서 하느님이 보시니 좋다고 말할 그날, 영원을 상징하는 "백세대"에 이르도록 "맑은 바람"이 상징하는 평화가 지속할 그때가 오리라는 것. "百世淸風"을 말하는 안중근의 심중에 휘돌았던 것이 이것이리라고 여겨진다. 지금 자기는 죽음 앞에 놓여 있고 조국은 일본의 지배 세력

---

109 이것은 하느님의 실재를 믿는다고 하는 사람들이 세계의 실재를 장악하거나 결정할 수 있다는 말이 아니다. 세계 실재가 하느님의 실재와 부합한가를 판단하는 것은 세계 시민이고 하느님의 창조계다. 하느님에게서 온 모든 존재가 서두에서 진술한 것처럼 하느님의 고유한 실재로서 하느님의 실재와 살림과 가치를 식별할 능력을 원천적으로 부여받고 있기 때문이다.

에게 침략당하면서 신음하지만, 이 모든 고난을 넘어서 침략자들이 항복할 그날, 그 "개선"의 날이 오리라는 것. 이것이 안중근이 죽음을 넘어서 지킨 하느님의 실재에 대한 희망이고 기도였을 것이다. 이 "凱旋"이 한국, 차이나, 일본이 함께 참여할 "百世淸風"의, 곧 동양평화의, 곧 세계평화의, 하느님의 다스림의 시작이 되기를 희망하며 기도한 존재, 이 희망과 기도를 품고 자기의 숨을 하느님의 실재에 맡겨드린 존재, 그가 안중근 토마스였다고 나는 생각한다.

안중근은 자기의 죽음으로 역사가 끝나지 않는다는 것을 잘 알았다. 그는 자기의 실재는 물론 이 세계의 실재가 하느님의 실재 안에 부분으로 존재한다는 것을 잘 알았다. 자기를 죽이는 일본 역시 하느님의 실재를 거슬러서 침략과 지배를 지속할 수 없다는 것 역시 잘 알았다. 이것은 그의 희망이며 기도이기도 하다. 그가 사형판결을 받고 난 후에 안병찬 변호사에게 동포들에게 민심 단합과 교육과 실업 진흥을 통해서 조국의 독립을 위해 헌신해 달라는 청을 전해달라고 부탁하면서 "국가 독립을 회복하였다는 소식이 천국에 전해오면 나는 춤추며 만세를 부르겠다."[110]고 하였다.

---

110 박은식, 『안중근』, 309쪽. 이것 역시 안중근이 안병찬에게 부탁한 말을 인용하면서 전한 것이다.

이것은 앞에서 본 것처럼 그가 마침내는 일본의 침략 실재를 넘어서 개선할 날이 오리라는 것에 대한 희망과 확신을 드러낸다. 그리하여 백세청풍, 푸른 바람, 새 바람이 사람들 곧 형제국 시민들을 새롭게 할 날이 오리라는 희망을 표현하였다. 이것은 그가 하느님의 실재와 이 실재에 협력하는 존재들의 투신이 여기에 맞서는 불의한 세계 실재를 극복하리라는 희망을 끝까지 지켜 갔다는 것을 의미한다.

안중근 의사가 1910년 3월 9일 또는 10일경 빌렘 신부를 면회하는 사진

5. 맺으면서

 안중근은 1910년 3월 8일에 뤼순 감옥으로 마지막 성사를 집전해주기 위해 온 빌렘 신부를 만난다. 다음 날 고해성사를 보고 그 다음 날 그가 복사를 서면서 빌렘 신부가 집전하는 미사에 참여한다. 이때 일을 그의 자서전 마지막 부분에 이렇게 기록한다. "그때 홍 신부가 내게 성교의 도리를 가지고 훈계한 뒤에 이튿날 고해(告解)성사를 주고, 또 이튿날 아침 감옥에 와서 미사 성제대례를 거행하고, 성체성사로 천주의 특별한 은혜를 받으니, 감사하기 이를 길 없었는데 이때 감옥소에 있는 일반 관리들이 모두 와서 참례했었다."[111]

---

111 「안응칠역사」, 116쪽.

안중근은 마지막으로 아내와 어머니, 사촌 동생 명근, 숙부, 그리고 빌렘 신부와 뮈텔 주교에게 편지를 쓴다.[112] 그는 뮈텔 주교에게 쓴 편지에서 빌렘 신부가 와서 집전한 성사에 참여하면서 자신이 체험한 것을 이렇게 진술한다. "고비(高庇)로 오주 야소의 특은을 입어 고백·영성체의 비적(秘蹟) 등 모든 성사를 받은 결과 심신이 다 평안함을 얻었습니다."[113]

안중근은 자서전 마지막 진술에서 "성체 성사로 천주의 특별한 은혜를 받으니, 감사하기 이를 길 없었"다고 하였다. 이 성체 성사를 통해서 그는 주님의 몸과 피를 받아 모셨다. 이것을 가톨릭 신앙 공동체는 영성체(領聖體), 성체를 영한다고 하는데, 성체를 받아 모셨다는 뜻이다. 라틴어로 영성체를 'communio'라고 한다.

이것은 어떤 존재인가와 함께, 안중근의 경우 주님과 함께(com) 하나가(unus) 된다는 뜻이다. 안중근은 이때 성체를 받아서 주님께 자기의 존재를 그분의 거처로, 그분의 집으로, 그분의 성전으로 내어 드리면서 그분과 하나가 되는, 그분과 하나로 이어지는 체험을 위에서와 같은 방식으로 표현한 것이다. 그리하여 그분을 받아서(領) 그분을 모신(侍) 존재로서 그분의 실재에,

---

112 『한국독립운동사 자료』 7, 529~531쪽.
113 『한국독립운동사 자료』 7, 530쪽.

그분의 존재에, 그분의 거룩(聖)에 깊게 참여하게 된다. 그리하여 그분의 실재에 잠겨 든 거룩한 존재로서 자신의 거룩함을 하느님의 숨결 안에서 자기부터 가족과 이웃과 지역과 나라와 동아시아와 세계와 지구와 우주와 함께 나누어 간다. 그런 가운데 그는 이 다양한 것들 안에 배어들어 있는 한 분 하느님의 실재를 깊게 체험하며 그분의 실재와 일치를 이루면서 "심신이 다 평안함을 얻었"다고 말할 수 있는 "내적 평화"에 도달한 듯싶다.

안중근은 이토 히로부미를 저격한 이후 당시 한국교회를 책임졌던 뮈텔 주교에게 성사를 집전해줄 사제로서 빌렘 신부를 보내줄 것을 지속해서 청원하였다. 이와 관련해서 빌렘 신부 자신이 이렇게 증언한다. "그의 동생들이 편지로, 그리고 나를 찾아와서 안 토마를 방문해주십사고 간청했습니다. 토마스도 당국의 허가를 받고 감옥에서 내게 편지하기를, 여순에 와서 마지막 성사를 베풀어주십사고 간청했습니다. 나는 여러 달 동안 망설였습니다. 먼 거리, 여행 경비(?), 그 밖의 여러 가지 지장 때문에 망설였던 것입니다."[114]

---

114 정양모, 「안중근 의사와 프랑스 선교사들과의 관계: 안중근 의사에 대한 선교사들의 인식과 평가」(안중근의사기념사업회가 2012년 3월 24일 연 안중근의사 순국 102주년 학술대회 자료집)에서 인용. 정양모 신부는 학술대회에서 발표하면서 이 편지 전문을 번역하여 소개하였다. 아래에서도 이 서한 자료 본문은 정양모 신부의 번역본에서 인용하였다.

그러나 뮈텔 주교는 그때마다 안중근의 청을 거부하였다. 뮈텔 주교가 사제 파견을 허락하지 않은 것은 앞에서 언급한 것처럼 안중근이 이토를 오해해서 살해했다는 것을 공적으로 시인하지 않는 데 있었다. 안중근은 자신이 이토를 저격한 것은 그가 하느님의 정의에 어긋나는 형태로 한국과 이웃 나라들을 침략하는 악한 정책을 택하고 관철하려 했기 때문이라고 명시적으로 밝혔다.

이런 상황에서 안중근은 2월 14일에 사형판결을 받고 나서 곧바로 성사를 받을 수 있게 해달라는 청을 담은 전보를 빌렘 신부에게 다시 보냈다. 이때까지 뮈텔 주교와 갈등하던 빌렘 신부가 결단을 내려서 안중근을 찾아서 뤼순으로 갔는데, 그는 당시 자신의 심경을 이렇게 썼다.

1910년 2월 17일 토마스에게서 '사형 선고를 받았습니다. 며칠 안에서 오십시오'라는 전보를 받았습니다. 당국에서도 내가 안 토마스를 만나보게 하려고, 2월 26일부터 3월 25일 성금요일 사이에 면회할 기회를 주었습니다. 3월 25일은 안 토마스가 선택한 날입니다. 토마스 사건을 다룬 마나베 판사도 사형수의 양심을 존중한 나머지 내게 전보를 보내어 뤼순으로 와주기를 바랐습니다. 판사는 뮈텔 주교에게도 한 번은 편지로, 또 한 번은 전보로 같은 내용을 보냈습니다. 일본 법원의 아량에 따라 어떤 어려움을 감수하고라도 나는 여순에 가기로 했습니다. 이는 정치적 문제가 아니고, 단지 사형수에게 종교적 위안을 주려는 것임을 일본 당국은 알고 있었습니다. 저는 더 이상 망설일 수 없었습니다.[115]

이렇게 해서 안중근은 위에서 언급한 것처럼 1910년 3월 8일부터 빌렘 신부를 만나서 9일에는 고해성사를 보고, 10일에는 미사에 참여할 수 있었다. 이런 일련의 과정은 안중근이 한 신앙인으로서 하느님의 실재를 얼마나 깊게 가슴에 품고 살았는가를 보여주는 증거다. 실제로 그는 총을 들고 항거하던 시기에도 기도를 빠트리지 않았고 감옥에서도 매일 기도에 충실했다고 전해진다.[116]

빌렘 신부는 안중근이 의병으로 활동하면서도 가톨릭식 "아침기도 · 저녁기도 · 묵주기도"를 "하루도 빠뜨리지 않"고 할 만큼 신앙에 충실했다고 증언한다. 빌렘 신부는 뤼순 감옥으로 안중근을 면회 갔을 때를 기억하면서 그가 "감옥에서 새삼 신앙을

---

115 정양모,「안중근 의사와 프랑스 선교사들과의 관계」에서 인용.
116 「조선교구 통신문」,『안중근 (도마) 의사 추모자료집』(천주교정의구현전국사제단편, 1990), 177쪽.「근세역사」,『안중근전기전집』, 437, 440쪽 등 참조.

회복할 필요가 없었"을 만큼 충실하게 신앙을 지켰다고 썼다.[117] 그는 안중근이 "5년 동안 멀리 떨어져 지냈는데도 미사의 라틴어 응송을 하나도 잊지 않았"고, "확고하고 장중한 목소리로 응답했"다고 썼다.[118]

안중근은 이렇게 가톨릭 신앙을 자신의 존재에 깊게 내면화해서 살았다. 그러니까 안중근이 1897년에 가톨릭 신앙을 만난 이래 이 신앙을 통해 하느님의 실재와 이토록 깊게 합치를 이루어 살아온 내력이 뮈텔 주교의 계속되는 거부에도 불구하고 그렇게 항구하게 성사를 청할 수 있게 했던 것으로 보인다. 또 바로 이런 갈망이 있었기에 빌렘 신부와 함께한 것에 대해 그토록 기뻐하고 감사하며 이렇게 말할 수 있었을 것이다. "그때 천주교회 전교사 홍 신부가 나의 영생 영락하는 성사를 해주기 위해서, 한국으로부터 이곳에 와서 나와 서로 면회하니 꿈과 같고 취한 것 같이 기쁨을 이를 길이 없었다."[119] "고해성사를 주고, …… 감옥에 와서 미사 성제대례를 거행하고, 성체성사로 천주의 특별

---

117 정양모, 「안중근 의사와 프랑스 선교사들과의 관계」 참조. 소노키가 이 미사에 관해 제출한 보고서는 『한국독립운동사 자료』 7, 537~538쪽.

118 정양모, 같은 글에서 인용. 빌렘 신부는 이 편지에서 안중근과 함께 마지막으로 미사를 드린 그 순간의 감동을 영원히 잊지 못할 것이라고 하였다.

119 「안응칠역사」, 116쪽.

한 은혜를 받으니, 감사하기 이를 길 없었"다.[120]

소노키는 안중근의 최후를 보고하면서 그가 교수대 앞에 서서 그에게 주어진 마지막 순간 약 2분간 침묵 속에서 기도를 바치고는 "교수대에 올라가 종용히 형의 집행을 받았다"고 썼다.[121] 안중근의 마지막을 동반한 두 동생 정근과 공근이 처형 하루 전인 3월 25일, 당시 성금요일에 마지막 면회를 했을 때 그가 어떠했는가를 빌렘 신부에게 전하며 이렇게 말하였다. "형님은 선하고 유쾌했습니다. 우리는 이전과는 비교할 수 없을 만큼 형님을 경외하게 되었습니다."[122]

안중근 그가 하느님의 실재로서 하느님께 빛과 숨과 물과 밥과 땅과 그 모든 것을 받아서 살면서도 하느님의 실재들을 파괴하는 불의한 세력에게 죽임을 당하였다. 하지만 그는 그런 속에서도 "선하고 유쾌"한 모습을 지켜 가고 "기도"와 함께 "종용히" 자기를 내주었다.

파괴하는 존재들 대신 그들의 죄를 지고 교수대로 올라가서 그들의 불의까지 씻어줄 값으로 자기의 목숨을 대신 내주었다.

---

120 같은 책, 116쪽.

121 『한국독립운동사 자료』 7, 515쪽.

122 빌렘 신부가 1912년 3월 19일자로 청계동에서 로렌 지방의 지인들에게 보낸 서한. 정양모, 「안중근 의사와 프랑스 선교사들과의 관계」에서 인용.

그가 이렇게 할 수 있게 한 원천. 그것이 저 하느님의 실재에 닿아서 체험하는 영성체, 주님과 하나 됨, 그리고 이를 통하여 모든 존재들의 존재, 모든 실재들의 실재와 존재 차원에서 이루는 내적 평화라고 말할 수 있다. 그리고 바로 이 존재 중심의 깊은 평화가 자기와 자기 가족에 갇히지 않고 국가를 집으로, 아시아를 집으로, 프란치스코 교황이 표현한 것처럼 "우리의 공동의 집"인 저 하나의 지구에 형성된 세계를 집으로, 지구와 우주(宇宙)를 집으로 품어서 이 모두를 위한 깊은 평화를 지키는 데 자기의 존재를 다 내줄 수 있게 했다.

이런 맥락에서 우리는 말할 수 있다. 지금까지 우리가 살펴본 안중근의 동양평화 비전은 그가 가톨릭 신앙을 통해서 도달한 하느님의 실재와 깊은 소통과 일치, 그리고 이를 통해서 도달한 인간적 사회적 실재들과 하나로 이어져 있음에 대한 깨달음과 이 깨달음에 대한 충실, 이 깨달음의 육화에서 비롯된 것이라고.

안중근 토마스가 우리를 부른다. 남한과 북한을 "이제는" 하나로 이으라면서. 일본과 차이나와 미국과 러시아와 함께 북한과 남한이 형제로 만날 길을 "이제는" 열라면서. 평양과 판문점과 서울, 백두와 비무장지대와 한라를, 뤼순과 강정과 나가사키를, 황해도 청계와 만주와 연해주와 하얼빈을 하나로 이어 새 시대를 "이제는" 열라면서. 하느님의 실재와 하나인 우리의 실재가 함께 이루는 사랑의 공명 속에서.

부록

안중근 의사의 동양평화론

이 글은 윤병석 선생님이 번역하고 편집하신 『안중근 문집-한국독립운동사자료총서 28』(독립기념관 한국독립운동사연구소, 2011)에 수록된 것을 역자와 한국독립운동사연구소의 허락을 받아 수록하였습니다. 전문을 게재하도록 허락하신 윤병석 선생님과 독립기념관 한국독립운동사연구소, 그리고 이를 위해서 노고를 아끼지 않으신 가톨릭동북아평화연구소 편집출판위원장 박문수 선생님과 강주석 소장님을 비롯 연구소 관계자분들에게 깊이 감사드립니다. 안중근이 〈동양평화론〉을 통해서 전달하고자 하는 의미를 좀 더 분명하게 드러나게 하는 한편 앞으로 연구 과정에서 인용하는 데 도움이 되게 하기 위해서 〈동양평화론〉 번역문을 한문본과 대조하여 보완하고 전체를 절로 구분해서 소개하였음을 밝힙니다.

안중근의 〈동양평화론〉

서문

1 대저 합하면 성공하고 흩어지면 패망한다는 것은 만고에 분명히 정해져 있는 이치이다.
2 지금 세계는 동서로 나뉘어져 있고 인종도 각각 달라 서로 경쟁하고 있다.
3 일상생활에서의 이기(利器) 연구 같은 것을 보더라도 농업이나 상업보다 대단하며 새 발명인 전기포(電氣砲), 비행선, 침수정(浸水艇)은 모두 사람을 상하게 하고 물(物)을 해치는 기계이다.
4 청년들을 훈련하여 전쟁터로 몰아넣어 수많은 귀중한 생령

(生靈)[1]들을 희생(犧牲)처럼 버리고 피가 냇물을 이루고 고기가 질펀히 널려짐이 날마다 그치질 않는다.

5 삶을 좋아하고 죽음을 싫어하는 것은 모든 사람의 상정이거늘 밝은 세계(淸明世界)에 이 무슨 광경이란 말인가. 말과 생각이 이에 미치면 뼈가 시리고 마음이 서늘해진다.

6 그 근본을 따져보면 예로부터 동양 민족은 다만 문(文)학(學)에만 힘쓰고 제 나라만 조심해 지켰을 뿐이지 도무지 구주의 한치 땅이라도 침입해 뺏지 않았다. 이는 5대주 위의 사람이나 짐승 초목까지 다 알고 있는 바이다.

7 그런데 구주의 여러 나라들은 가까이 수백 년 이래로 도덕을 까맣게 잊고 날로 무력을 일삼으며 경쟁하는 마음을 양성해서 조금도 기탄하는 바가 없다.

8 그중 러시아가 더욱 심하다. 그 폭행과 잔해함이 서구나 동아에 어느 곳이고 미치지 않는 곳이 없다.

9 악이 차고 죄가 넘쳐 신과 사람이 다같이 성낸 까닭에

10 하늘이 한 매듭을 내려 동해 가운데 조그만 섬나라인 일본으로 하여금 이와 같은 강대국인 러시아를 만주 대륙에서 한 주먹으로 때려눕히게 되었다.

11 누가 능히 이런 일을 헤아렸겠는가. 이것은 하늘에 순하고

---

1 번역자는 "生靈"을 "생명"으로 옮겼다.

땅의 배려를 얻은 것이며 사람의 정에 응하는(順天得地應人) 이치다.

12 당시 만일 한.청 양국 인민이 상하가 일치해서 전날의 원수를 갚고자 해서 일본을 배척하고 러시아를 도왔다면 큰 승리를 거둘 수 없었을 것이어늘 어찌 예상을 했겠는가.

13 그러나 한.청 양국 인민은 이와 같은 행동이 없었을 뿐만 아니라 도리어 일본 군대를 환영하고 운수, 치도(治道), 정탐 등 일에 수고로움을 잊고 힘을 기울였다.

14 이것은 무슨 이유인가. 두 가지 큰 사유가 있었다.

15 일본과 러시아가 개전할 때, 일본 천황의 선전포고하는 글에 "동양평화를 유지하고 대한독립을 공고히 한다"라고 했다.

16 이와 같은 대의가 청천백일의 빛보다 더 밝았기 때문에

17 한.청 인사는 지혜로운 이나 어리석은 이를 막론하고 일치동심(同心) 해서 복종했음이 그 하나이고,

18 일본과 러시아의 다툼이 황백 인종의 경쟁이라 할 수 있으므로

19 지난날의 원수진 심정이 하루아침에 사라져 버리고 도리어 하나의 큰 인종 사랑하는 무리(一大愛種黨)를 이루었으니 이도 또한 인정의 순서라 가히 합리적인 이유의 다른 하나이다.

20 쾌하도다 장하도다. 수백 년래 행악하던 백인종의 선봉을

한 북소리로 크게 부수었다. 가히 천고의 희한한 일이며 만방이 기념할 자취이다.

21 당시 한·청 양국의 뜻 있는 이들이 기약치 않고 함께 기뻐해 마지않은 것은 일본의 정략이나 일 해쳐 나감이 동서양 천지가 개벽한 뒤로 가장 괴걸한 대사업이며 시원스런 일로 스스로 헤아렸기 때문이었다.

22 슬프다. 천천만만 의외로 승리하고 개선한 후로 가장 가깝고 가장 친하며 어질고 약한 같은 인종인 한국을 억압하여 조약을 맺고, 만주 장춘 이남을 조차를 빙자하여 점거하였다.

23 세계 일반인의 머릿속에 의심이 홀연히 일어나서 일본의 위대한 성명과 정대한 공훈이 하루아침에 바뀌어 만행을 일삼는 러시아보다 더 심하게 보게 되었다.

24 슬프다. 용호(龍虎)의 위세로서 어찌 뱀이나 고양이 같은 행동을 한단 말인가.

25 그와 같이 만나기 어려운 좋은 기회를 다시 찾은들 어떻게 얻을 것인가. 아깝고 통탄할 일이로다.

26 동양평화 한국독립이라는 말[2]에 이르러서는 이미 천하만국의 사람들 이목에 드러나 금석처럼 믿게 되었고 한·청 양국 사람들의 간뇌(肝腦)에 도장 찍혀진 것이다.

---

2 번역자는 "동양평화 한국독립의 단어"로 옮김.

27 이와 같은 문자 사상은 비록 천신의 능력으로서도 마침내 소멸시키기 어려울 것이거늘 하물며 한두 사람의 지모로 어찌 능히 말살할 수 있겠는가.

28 지금 서양세력이 동양으로 뻗쳐오는 화난을 동양 인종이 일치단결해서 극력 방어해야 함이 제일의 상책임은 비록 어린아이일지라도 익히 아는 일이다.

29 그런데도 무슨 이유로 일본은 이러한 순연한 형세를 돌아보지 않고 같은 인종인 이웃나라를 깎고 우의를 끊어 스스로 방휼(蚌鷸)의 형세를 만들어 어부(漁夫)를 기다리는 듯 하는가.

30 한·청 양국인의 소망이 크게 절단되어 버렸다.

31 만약 정략을 고치지 않고 핍박이 날로 심해진다면 부득이 차라리 다른 인종에게 망할지언정 차마 같은 인종에게 욕을 당하지 않겠다는 의론이 한·청 양국인의 폐부에서 용솟음쳐서 상하 일체가 되어 스스로 백인의 앞잡이가 될 것이 명약관화한 형세이다.

32 그렇게 되면 동양의 몇 억 황인종 중의 허다한 유지와 강개 남아가 어찌 수수방관 하고 앉아서 동양 전체의 까맣게 타 죽는 참상을 기다릴 것이며 또한 그것이 옳겠는가.

33 그래서 동양평화를 위한 의전(義戰)을 하얼빈에서 개전하고

담판하는 자리를 여순구(旅順口)에 정했으며

34   이어 동양평화 문제에 관한 의견을 제출하는 바이다. 제공은 눈으로 깊이 살필지어다.

35   1910년 경술 2월

36   대한국인 안중근

37   여순옥중에서 쓰다

38   동양평화론 목록

1. 전감(前鑑)

2. 현상(現狀)

3. 복선(伏線)

4. 문답(問答)

동양평화론 안중근 저

전감

1   예로부터 지금에 이르기까지 동서남북의 어느 주(州)를 막론하고 헤아리기 어려운 것은 대세의 번복(飜覆)이고 알 수 없는 것은 인심의 변천이다.

2   지난날(甲午年·1894년) 일·청 전역을 보더라도 그 때 조선

국의 서절배(鼠竊輩) 동학당의 소요로 인연해서 청·일 양국이 동병(動兵)해서 건너왔고 무단히 개전해서 서로 충돌하였다.

3 청국이 패해 일본이 이기고 승승장구, 요동의 반을 점령하였다. 요험인 여순을 함락시키고 황해함대를 격파한 후

4 마관(馬關)에서 담판을 열어 조약을 체결하여 대만을 활양받고 2억 원을 배상금으로 받기로 하였다. 이는 일본의 유신 후 하나의 커다란 기념사이다.

5 청국은 물자가 풍부하고 땅이 넓어 일본에 비하면 수십 배는 족히 되는데 어떻게 해서 이와 같이 패했는가.

6 예로부터 청국인은 스스로를 중화대국(中華大國)이라 일컫고 다른 나라를 오랑캐(夷狄)라 일러 교만이 극심하였으며

7 더구나 권신척족이 국권을 천농(擅弄)하고 신민과 원수를 삼고 상하가 불화했기 때문에 이와 같이 욕을 당한 것이다.

8 일본은 유신 이래로, 민족이 화목하지 못하고 다툼이 끊임이 없었으나 그 외교적 경쟁[3]이 생겨난 후로는 집안 싸움이 하루아침에 화해가 되어 연합을 혼성하고 한 덩어리 애국당(一塊愛國黨)을 이루었으므로

---

3 원문에 "競爭"으로 표현된 것이 번역문에는 "정쟁"으로 옮겨져 있다. 교정 착오인 것으로 보인다.

9 이와 같이 개가(凱歌)를 올리게 된 것이다.

10 이것이 이른바 친절한 외인이 다투는 형제보다 못하다(親切 之外人不如競爭之兄弟也)는 것이다.

11 이때의 러시아의 행동을 기억할지어다. 당일에 동양함대가 조직되고

12 프랑스 독일 양국이 연합하여 요코하마 해상에서 크게 항의를 제출하니

13 요동반도가 청국에 환부되고 배상금이 감액되었다.

14 그 외면적인 행동을 보면 가히 천하의 공법이고 정의라 할 수 있으나 그러나 그 내용을 들여다보면 호랑(虎狼)의 심술보다 더 사납다.

15 불과 수년 동안에 민첩하고 교활한 수단으로 여순구를 조차한 후에 군항을 확장하고 철도를 부설하였다.

16 이런 일의 근본을 생각해 보면 러시아 사람이 수십 년 이래로 봉천이남 대련, 여순, 우장(牛莊) 등지에 부동항 한 곳을 억지로라도 가지고 싶은 욕심이 불같고 밀물 같았다.

17 그러나 감히 하수(下手)를 못한 것은 청국이 한번 영.불 양국의 천진 침략을 받은 이후로 관동의 각진(各鎭)에 신식 병마를 많이 설비했기 때문에 감히 생심을 못하고 단지 끊임없이 침만 흘리면서 오랫동안 때가 오기를 기다리고 있었

다. 이때에 이르러 셈이 들어맞은 것이다.

18 이때를 당해서 일본인 중에도 식견이 있고 뜻이 있는 자는 누구라도 창자가 갈기갈기 찢어지지 않았겠는가.

19 그러나 그 이유를 따져보면 이 모두가 일본의 과실이다. 이것이 이른바 구멍이 있으면 바람이 생기는(有孔生風) 법이요, 자기가 치니까 남도 친다는 격이다.

20 만일 일본이 먼저 청국을 침범하지 않았다면 러시아가 어찌 감히 이와 같이 행동했겠는가. 가위 제 도끼에 제 발 찍힌 격이다.

21 이로부터 중국 전체의 모든 사회 언론이 들끓었으므로 무술개변(戊戌改變)이 자연히 양성(釀成)되고 의화단(義和團)이 들고 일어났으며 일본과 서양을 배척하는 화난이 크게 치열해졌다.

22 그래서 8개국 연합군이 발해 해상에 운집하여 천진이 함락되고 북경이 침입을 받았다. 청국 황제가 서안부(西安府)로 파천하는가 하면 군민 할 것 없이 상해를 입은 자가 수백만 명에 이르고 금은재화의 손해는 그 숫자를 헤아릴 수 없었다.

23 이와 같은 참화는 세계 역사상 드문 일이고 동양의 일대 수치일 뿐만 아니라 장래 황인종과 백인종 사이의 분열 경쟁이 그치지 않을 징조를 나타낸 것이다. 어찌 경계하고 탄식

하지 않을 것인가.

24 이 때 러시아 군대 11만이 철도 보호를 칭탁하고 만주 경계 상에 주둔해 있으면서 종내 철수하지 않으므로

25 러시아 주재 일본공사 율야(栗野 구리노)씨가 혀가 닳고 입술이 부르트도록 폐단을 주장하였지만 러시아 정부는 들은 체도 않을 뿐 아니라 도리어 군사를 증원하였다.

26 슬프다. 일.러 양국 간의 대참화를 종내 모면하지 못하였도다. 그 근본을 논하면 필경 어디로 몰아갈 것인가. 이것이야말로 동양의 일대전철(一大前轍)이다.

27 당시 일ㆍ러 양국이 각각 만주에 출병할 때 러시아는 단지 시베리아 철도로 80만 군비를 실어내었으나

28 일본은 바다를 건너고 남의 나라를 지나 4, 5 군단과 치중(輜重) 군량을 수륙 병진으로 요하 일대에 수송했으니

29 비록 정산(定算)이 있었다고는 하지만 어찌 위험하지 않았겠는가. 결코 만전지책(萬全之策)이 아니요 참으로 낭전(浪戰)이라 할 수밖에 없다.

30 그 육군이 잡은 길을 보면 한국의 각 해구(海口)와 성경(盛京) 금주만(金州灣) 등지로서 하륙할 때는 4, 5천리를 지나온 터이니 수륙의 괴로움을 말하지 않아도 짐작할 수가 있다.

31 이때 일본군이 다행히 연전연승은 했지만 함경도를 아직

벗어나지 못했고 여순구를 격파하지 못했으며 봉천에서 채 이기지 못했을 즈음이다.

32 만약 한국의 관민이 일치 동성으로 을미년(1895년)에 일본인이 한국의 명성황후 민씨를 무고히 시해한 원수를 이 때 갚아야 한다고 사방에 격문을 띄우고 일어나고

33 함경, 평안 양도 사이에 있는 러시아 군대가 생각지 못한 곳을 찌르고 나와 전후좌우로 충돌하며,

34 청국도 또한 상하가 협동해서 지난날 의화단 때처럼 들고 일어나 갑오년(日淸戰役)의 묵은 원수를 갚겠다고 하면서 북청 일대의 인민이 폭동을 일으키고 허실을 살펴 방비 없는 곳을 공격하며 개평(蓋平) 요양 방면으로 유격 기습을 벌여 나아가 싸우고 물러가 지킨다면

35 일본군 대세력[4]은 남북으로 갈라지고[5] 복배에 적을 맞아 사면으로 포위당한 비감을 면하기 어려웠을 것이다.

36 만일 이런 지경에 이르렀다면 여순 봉천 등지의 러시아 장졸들이 예기가 등등하고 기세가 배가해서 앞뒤로 가로막고 좌충우돌했을 것이다.

37 그렇게 되면 일본군의 세력이 머리와 꼬리가 맞아 떨어지

---

4 번역문에는 "대세력" 빠져 있음.

5 번역문에는 "남북이 분열되고"로 옮겨져 있음.

지 못하고 치중과 군량미를 이어댈 방도가 아득해졌을 것이다.

38 그러하면 산현유붕(山縣有朋 야마가다 아리도모) 내목희전(乃木希典노기 마레스케) 씨의 경략이 필히 무산되었을 것이며

39 또한 마땅히 이때 청국 정부와 주권자의 야심이 폭발해서 묵은 원한을 갚게 되었을 것이고 때도 놓치지 않았을 것이다.

40 이른바 만국공법이라느니 엄정중립이라느니 하는 말들은 모두 근래 외교가의 교활한 무술(誣術)이니 족히 말할 바가 못된다.

41 병불염사(兵不厭詐) 출기불의(出其不意) 병가묘산(兵家妙算) 운운하면서 관민이 일체가 되어 명분없는 군사를 출동시키고 일본을 배척하는 상대가 극렬 참독해졌다면 동양 전체가 휩쓸 백년풍운(百年風雲)[6]을 어떻게 할 것인가.

42 만약 이와 같은 지경이 되었다면 구주 열강이 다행히 좋은 기회를 얻었다 해서 각기 앞을 다투어 군사를 출동시켰을 것이다.

43 그 때 영국은 인도 홍콩 등지에 주둔하고 있는 수륙 군대를 병진시켜 위해위 방면에 집결시켜 놓고는 필시 강경수단으로 청국 정부와 교섭하고 추궁했을 것이다.

6 유묵 "百世淸風"

44 또 프랑스는 사이공 가달마도(加達馬島)에 있는 육군과 군함을 일시에 지휘해서 아모이 등지로 모여들게 했을 것이고,

45 미국, 독일, 벨기에, 오스트리아, 포르투갈, 희랍 등의 동양 순양함대는 발해 해상에서 연합하여 합동조약을 예비하고 이익을 균점할 것을 희망했을 것이다.

46 그렇게 되면 일본은 부득불 밤새워 전국의 군사비와 국가 재정을 통틀어 짠 뒤에 만주 한국 등지로 곧바로 수송했을 것이고

47 청국은 격문을 사방으로 띄우고 만주 산동 하남(河南) 형량(荊襄) 등지의 군대와 의용병을 급급 소집해서 용전호투(龍戰虎鬪)하는 형세로 일대 풍운을 자아냈을 것이다.

48 만약 이러한 형세가 벌어졌다면 동양의 참상은 말하지 않아도 상상하고도 남음이 있다.

49 이 때 한.청 양국은 그렇게 하지 않았을 뿐만 아니라 오히려 약장(約章)을 준수하고 털끝만큼도 움직이지 않아

50 일본으로 하여금 위대한 공훈을 만주땅 위에서 세우게 했다.

51 이로 보면 한·청 양국 인사의 개명(開明) 정도와 동양평화를 희망하는 정신을 족히 알 수가 있다.

52 그러하니 동양의 일반 유지들의 일대 사량(思量)은 가히 뒷날의 경계가 될 것이다.

53 그런데 그 때 일로(日露) 전역이 끝날 무렵 강화조약 성립을 전후해서 한·청 양국 유지 인사의 허다한 소망이 다 절단되어 버렸다.

54 당시 일·러 양국의 전세를 논한다면 한번 개전한 이후로 크고 작은 교전이 수백 차였으나 러시아 군대는 연전연패해서 상심낙담이 되어 멀리서 모습만 바라보고서 달아났다.

55 일본군대는 백전백승하고 승승장구하여 동으로는 블라디보스톡 가까이까지 이르고 북으로는 하얼빈에 육박하였다.

56 사세가 여기까지 이른 바에야 기회를 놓쳐서는 안될 일이었다. 이왕 벌인 춤이니 비록 전 국력을 기울여서라도 한두 달 동안 사력을 다해 진취하면 동으로 블라디보스토크를 뽑고 북으로 하얼빈을 격파할 수 있었음은 명약관화한 형세였다.

57 만약 그렇게 되었다면 러이사의 백년대계는 하루아침에 필시 토붕와해(土崩瓦解)의 형세가 되었을 것이다.

58 무슨 이유로 그렇게 하지를 않고 도리어 은밀히 구구하게 먼저 강화를 청해 (화를) 뿌리 째 뽑아버리는 방도를 달성하지 않았는지 가위 애석한 일이다.

59 황차 일·러 담판을 보더라도 이왕이면 강화 담판할 곳을 의정(議定)하면서 천하에 어떻게 워싱턴이 옳단 말인가. 당

일 형세로 말한다면 미국이 비록 중립으로 편벽된 마음이 없다고는 하지만

60 짐승들이 다투어도 오히려 주객의 형세가 있는 법인데 하물며 인종의 다툼에 있어서랴.

61 일본은 전승국이고 러시아는 패전국인데 일본이 어찌 제 본뜻대로 정하지 못했는가. 동양에는 족히 합당할만한 곳이 없어서 그랬단 말인가.

62 소촌(小村壽太郎 고무라) 외상이 구차스레 수만리 밖 워싱턴까지 가서 강화조약을 체결할 때에 화태도(사할린) 반부(半部)를 벌칙 조항에 넣은 일은 혹 그럴 수도 있어 이상하지 않지만

63 한국을 그 가운데 첨가해 넣어 우월권을 갖겠다고 이름한 것은 근거도 없는 일이고 합당함을 잃은 처사이다.

64 지난날 마관(시모노세끼)조약 때는 본시 한국은 청국의 속방이므로 그 조약 중에 간섭이 반드시 있게 마련이지만

65 한·러 양국간에는 처음부터 관계가 없는 터인데 무슨 이유로 그 조약 가운데 들어가야 한단 말인가.

66 일본이 한국에 대해서 이미 큰 욕심을 가지고 있다면 어찌 자기 수단으로 자유로이 행동하지 못하고 이와 같이 구라파 백인종과의 조약 중에 첨입(添入)해서 영세(永世)의 문제로 만들었단 말인가. 도시 방책이 없는 처사이다.

67 또한 미국 대통령이 이왕 중재하는 주인으로 되었는지라 곧 한국이 구미 사이에 끼어있는 것처럼 되었으니 중재주(仲裁主)가 필시 크게 놀라서 조금은 괴상하게 여겼을 것이다.

68 같은 인종을 사랑하는 의리로서는 만에 하나라도 승복할 수 없는 이치이다.

69 또한 (미국 대통령이) 노련하고 교활한 수단으로 소촌 외상을 농락하여 약간의 해도 조각 땅과 파선 철도 등 잔물을 배상으로 나열하고서 거액의 벌금은 전폐시켜 버렸었다.

70 만일 이때 일본이 패하고 러시아가 승리해서 담판하는 자리를 워싱턴에서 개최했다면 일본에 대한 배상 요구가 어찌 이처럼 약소했겠는가.

71 그러하니 세상일의 공평되지 않음을 이를 미루어 가히 알 수 있을 뿐이고 다른 이유는 없다.

72 지난날 러시아가 동으로 침략하고 서쪽으로 정벌을 감행해 행위가 심히 가중하므로 구미 열강이 각자 엄정 중립을 지켜 서로 구조하지 않았지만

73 이미 이처럼 황인종에게 패전을 당한 뒤이고 사태가 결판이 난 마당에서야 어찌 같은 인종으로서 우의가 없었겠는가. 이것은 인정세태의 자연스런 형세(自然之形勢)[7]이다.

7 전해지는 한문본 텍스트에 自然之刑勢로 나오는데, 안중근 자신이 自然之形勢를

74 슬프다. 그러므로 자연의 형세를 돌아보지 않고 같은 인종 이웃 나라를 헤치는 자는 마침내 독부(獨夫)의 환난[8]을 기필코 면하지 못할 것이다.

잘못 썼거나 필사 과정에서 잘못 옮겨진 것일 수 있을 것이다.

8 이 자료의 역자는 "독부의 판단"이라고 옮겨 놓았다. 안중근의 동양평화론 마지막 대목에는 "獨夫之患"으로 표현되어 있고, 이것을 토대로 "독부의 환난"이라고 수정해 놓았다.

**안중근의
동양평화살이**

교회인가 2018년 7월 17일 천주교의정부교구 이기헌 주교
인쇄일   2018년 8월 5일 초판 1쇄 발행
          2018년 9월 5일 초판 2쇄 발행

지은이   황종열
펴낸이   강주석

펴낸곳   도서출판 가톨릭동북아평화연구소
         경기도 파주시 탄현면 성동로 111 민족화해센터(내)
         Tel 031-941-6238 Fax 0303-0941-6239
         publcinap@hanmail.net
등록   제406-2018-000071 (2018년 6월 18일)

ISBN   979-11-964214-1-0(03230)

ⓒ 이 책은 저작권법의 보호를 받는 저작물이므로
  무단 전제와 복사를 금합니다.